大岩のいちばんはじめの英文法【英語長文編】

第1章 読解講義編
▶長文読解に必要な文法をマスターする

- 0
- 1
- 接続詞① 2
- 接続詞② 3
- 接続詞③ 4
- 接続詞④ 5
- 時制 6

第2章 れんしゅう編
▶易しめの短い長文で読解の練習を行う

- れんしゅう① 7
- れんしゅう② 8
- れんしゅう③ 9
- れんしゅう④ 10
- れんしゅう⑤ 11
- れんしゅう⑥ 12
- れんしゅう⑦ 13

第3章 実戦演習編
▶比較的難易度の高い長文で実戦力を磨く

- 実戦演習① 14
- 実戦演習② 15
- 実戦演習③ 16
- 実戦演習④ 17
- 実戦演習⑤ 18

大岩秀樹 Hideki Oiwa

JN316320

はじめに

「英文の意味が全く分からない。特に、英語長文になると、自分は本当にこんな文章が読めるようになるのかどうかが不安になる。」

最初は誰だってそう。それでいいんです。

私も、今でこそ英語を教える立場にいますが、受験勉強を始めた頃は、長文なんて見るのも嫌でした。理由？ 理由は、「読んでもどうせわからない」から。知っている単語を、自分の日本語力で強引につなげ、なんとなくそれっぽい意味を作って読んでいく。そんな読み方では、もちろん読めるようになるはずがない。

しかし、私はあるときに気づきます。英語と日本語は全く違う言語だ。英語には英語のルール［英文法］がある。その中でも、英語長文を読むために、絶対に抜けていてはいけない文法がある！

本書は、英語長文が確実に読めるようになるために、「いちばんはじめに」知っておくべき文法のみに限定して書き上げました。長文を得意にしたければ、長文に的を絞って知識を積み上げていく。それが、いちばん効率がよく、確実な方法です。

階段は一段一段上るもの。ならば、英語長文を得意にするための最初の一段を、本書で上りはじめましょう。あなたが諦めかけていた最高のステージが、あなたを待っています！

Hideki Oiwa

本書の使い方

使い方1　基本的な使い方 ●●●

　本書は、大学入試の英語長文を読解する文法力をつけるために、「いちばんはじめ」に読んでいただきたい本です。

　本書をマスターすることにより、最終的な長文読解力は、センター英語レベルにまで到達することができます。

　本書は全部で3章あり、以下のような構成になっています。

1 第1章：読解講義編

英語長文を読解するために、絶対に身につけておきたい基礎文法。これらを一つ一つ、スモールステップ方式でやさしく講義します。長文読解には欠かせないものばかりですので、基礎英文法をマスターした人も必ず読んで下さい。

2 第2章：れんしゅう編

比較的易しく短い英文を使った読解問題を解きます。問題文は合計7問あります。第1章で身につけた知識をもとに、自分の力でゆっくりと英文を読解してみましょう。問題のあと、英文の構造や読解のポイントなどを詳しく説明します。

3 第3章：実戦演習編

センター試験レベルの大学入試問題を用い、より実戦的な、比較的長い英文の読解問題にチャレンジします。問題文は合計5問あります。実戦では、時間の管理も非常に重要になってきます。解答時間をしっかり意識しつつ、正確且つ迅速に英文を読解していきましょう。

使い方 2　本書で使う記号

- **S** ＝主語　Subject　（背面が水色の部分は主語《のカタマリ》）
- **V** ＝動詞　Verb　（背面が桃色の部分は動詞《のカタマリ》）
- **O** ＝目的語　Object　（背面が黄色の部分は目的語《のカタマリ》）
- **C** ＝補語　Complement（背面が緑色の部分は補語《のカタマリ》）

例　Hideki made them happy.
　　　S　　V　　O　　C

- **V原** ＝動詞の原形
- **Vp** ＝過去形
- **Vpp** ＝過去分詞形
- **to V原** ＝不定詞
- **Ving** ＝動名詞／現在分詞

- **～** ＝名詞が入る
- **…** ＝形容詞や副詞が入る
- **.....** ＝その他の要素が入る
- **▶** ＝和訳の印
- **▼** ＝脚注の印（下に注がある）

- **[ ]** ＝名　詞のカタマリ
- **〈 〉** ＝形容詞のカタマリ
- **( )** ＝副　詞のカタマリ
- **{ }** ＝接続詞の前後で並んでいるカタマリ

※（　）の中の（　）には〔　〕を使用
※｛　｝の中の｛　｝には《　》を使用

- **[ ]** ＝言いかえ可能（直前の語とカッコ内の語は言いかえられる）

例：**I do not[don't] have a pen.**　←do not は don't と言いかえられる

使い方 3　登場キャラクター紹介

大岩 秀樹　*Hideki Oiwa*
新進気鋭の英語講師。親切・丁寧で面白い授業は、英語に悩める全国の受験生から圧倒的支持を集める。

須木 英子　*Eiko Suki*
大岩先生の助手。補足説明や注意点などをこっそり紹介し、先生の授業を下から支える英語マニア。

石田　*Ishida*
なぜか「石田」という名前を付けられてしまった大岩先生の愛犬。日本語は話せる(?!)が英語は苦手。

↓**Rabi**　ラビ
↓**Mop**　モップ
↓**Chabi**　チャビ
↓**Rose**　ローズ
↓**Bean**　ビーン
↓**Piyo**　ピヨ

その仲間たち　*Hideki's friends*
どこからともなく現れて、どこへともなく去っていく、正体不明の仲間たち（他多数）。なぜか英語には詳しく、数々の役立つ情報をくれる。

CONTENTS
もくじ

第1章
読解講義編

第0講 基本4品詞
~英文を作る名詞・動詞・形容詞・副詞~
- 名詞 …………………………………… 11
- 動詞 …………………………………… 12
- 形容詞 ………………………………… 15
- 副詞 …………………………………… 16

第1講 基本5文型
~英語の並び方~
- 第1文型：S+V(自)・…………………… 20
- 第2文型：S+V(自)+C ………………… 21
- 第3文型：S+V(他)+O ………………… 22
- 第4文型：S+V(他)+O₁+O₂ …………… 23
- 第5文型：S+V(他)+O+C ……………… 23
- 冠詞 …………………………………… 25
- 前置詞 ………………………………… 26
- 第4文型←言いかえ→第3文型 ……… 28

第2講 接続詞 Part①
~副詞のカタマリを作る接続詞~
- 副詞のカタマリを作る接続詞 ………… 33
- 時や条件を表す副詞のカタマリ ……… 37
- 複数の接続詞を含む文 ………………… 39
- カンマが無い場合の
  「文の切れ目」発見法 ………………… 42

第3講 接続詞 Part②
~名詞のカタマリを作る接続詞~
- that S V ……………………………… 47
- if S V ………………………………… 52
- whether S V ………………………… 53
- thatを使った重要表現 ………………… 56
- 2文の関係を考える …………………… 58

第4講 接続詞 Part③
~形容詞のカタマリを作る接続詞~
- 関係代名詞 ~主格~ ………………… 63
- 関係代名詞 ~所有格~ ……………… 65
- 関係代名詞 ~目的格~ ……………… 66
- 前置詞+関係代名詞
  ~目的格の関係代名詞~ ……………… 68
- 関係副詞 ……………………………… 70
- 関係副詞 ~where~ ………………… 71
- 関係副詞 ~when~ ………………… 72
- 関係副詞 ~why~ …………………… 72
- 関係副詞 ~how~ …………………… 73

第5講 接続詞 Part④
~並べる接続詞~
- 並べる接続詞 ~and, or, but~ ……… 76
- 並べる接続詞 ~for, so~ …………… 82
- 同格のthat S V ………………………… 83
- 関係詞の非制限用法 …………………… 84
- 関係代名詞のwhat ……………………… 87

第6講 時制
~時間イメージを伝える動詞の形~
- 現在形 ………………………………… 90
- 現在進行形 …………………………… 92
- 現在完了形 …………………………… 93
- 過去形 ………………………………… 95
- 過去進行形 …………………………… 96
- 過去完了形 …………………………… 97
- 未来表現 ……………………………… 99
- 未来進行形 …………………………… 100
- 未来完了形 …………………………… 101

英語長文のための補講-1 …………… 106

※各講の最後に、「CHECK問題」とその「解答 & 解説」があります。

第2章
れんしゅう編

第7講 れんしゅう①
- 問題・設問 …………………………… 110
- 重要語句チェック ……………………… 111
- 英文の構造と意味 ……………………… 112
- 読解のポイント ………………………… 113
- 設問の解答 ……………………………… 114
- 解説 ……………………………………… 115

第8講 れんしゅう②
- 問題・設問 …………………………… 116
- 重要語句チェック ……………………… 117
- 英文の構造と意味 ……………………… 118
- 読解のポイント ………………………… 119
- 設問の解答 ……………………………… 120
- 解説 ……………………………………… 121

第9講 れんしゅう③
- 問題・設問 …………………………… 122
- 重要語句チェック ……………………… 123
- 英文の構造と意味 ……………………… 124
- 読解のポイント ………………………… 125
- 設問の解答 ……………………………… 126
- 解説 ……………………………………… 127

第10講 れんしゅう④
- 問題・設問 …………………………… 128
- 重要語句チェック ……………………… 129
- 英文の構造と意味 ………………… 130, 132
- 読解のポイント …………………… 131, 133
- 設問の解答 ……………………………… 134
- 解説 ……………………………………… 135

第11講 れんしゅう⑤
- 問題・設問 …………………………… 136
- 重要語句チェック ……………………… 137
- 英文の構造と意味 ………………… 138, 140
- 読解のポイント …………………… 139, 141
- 設問の解答 ……………………………… 142
- 解説 ……………………………………… 143

第12講 れんしゅう⑥
- 問題・設問 …………………………… 144
- 重要語句チェック ……………………… 145
- 英文の構造と意味 ………………… 146, 148
- 読解のポイント …………………… 147, 149
- 設問の解答 ……………………………… 150
- 解説 ……………………………………… 151

第13講 れんしゅう⑦
- 問題・設問 …………………………… 152
- 重要語句チェック ……………………… 153
- 英文の構造と意味 ………………… 154, 156
- 読解のポイント …………………… 155, 157
- 設問の解答 ……………………………… 158
- 解説 ……………………………………… 159

英語長文のための補講-2 ……………… 160

CONTENTS
もくじ

第3章
実戦演習編

第14講　実戦演習①
- 問題・設問 …………………… 164
- 重要語句チェック …………… 166
- 英文の構造と意味 …………… 168, 170
- 読解のポイント ……………… 169, 171
- 設問の解答 …………………… 172, 174
- 解説 …………………………… 173, 175

第15講　実戦演習②
- 問題・設問 …………………… 176
- 重要語句チェック …………… 178
- 英文の構造と意味 …………… 180, 182
- 読解のポイント ……………… 181, 183
- 設問の解答 …………………… 184, 186
- 解説 …………………………… 185, 187

第16講　実戦演習③
- 問題・設問 …………………… 188
- 重要語句チェック …………… 190
- 英文の構造と意味 …………… 192, 194
- 読解のポイント ……………… 193, 195
- 設問の解答 …………………… 196, 198
- 解説 …………………………… 197, 199

第17講　実戦演習④
- 問題・設問 …………………… 200
- 重要語句チェック …………… 202
- 英文の構造と意味 …………… 204, 206
- 読解のポイント ……………… 205, 207
- 設問の解答 …………………… 208, 210
- 解説 …………………………… 209, 211

第18講　実戦演習⑤
- 問題・設問 …………………… 212
- 重要語句チェック …………… 214
- 英文の構造と意味 …………… 216, 218
- 読解のポイント ……………… 217, 219
- 設問の解答 …………………… 220, 222
- 解説 …………………………… 221, 223

英語長文のための補講-3 …………… 224

Postscript（あとがき） …………… 225

おしらせ
英文音声データ発売中！
無料アプリ「東進ブックスStore」では、本書英文の音声学習データを販売中！本書の復習やリスニング・音読学習にも最適！

「大岩のいちばんはじめの英文法【英語長文編】」
（定価）160円（予告なく変更になる場合があります）

東進ブックスStore　検索

Download on the App Store

第1章
読解講義編

この章では、長文を読む前の準備運動として、「長文を読むために必要な最低限の文法」をマスターしてもらいます！　ここからはじめれば絶対に長文が読めるようになる！　頑張ってついてきてね！

基本4品詞	0
基本5文型	1
接続詞①	2
接続詞②	3
接続詞③	4
接続詞④	5
時制	6
れんしゅう①	7
れんしゅう②	8
れんしゅう③	9
れんしゅう④	10
れんしゅう⑤	11
れんしゅう⑥	12
れんしゅう⑦	13
実戦演習①	14
実戦演習②	15
実戦演習③	16
実戦演習④	17
実戦演習⑤	18

第1章
オリエンテーション
orientation

さあ、授業をはじめる前に、
まず、この第1章で一体どんなことをやるのか？
それをシッカリと確認してから授業に入ろうね！

どんな授業や講演でもそうだけど、
最初に全体図を理解しておくと、
そのあとの説明がとてもわかりやすくなるんだ。
この「オリエンテーション」は各章のはじめに必ずあるから、
ここでキッチリと全体図をつかんでおこう！

さて、この第1章では、英語長文を読むために、
絶対に知っておいてほしい基礎知識を講義していくよ。
次のような順番で、第0講から第6講まで行くからね。

第0講；基本4品詞
↓
第1講；基本5文型
↓
第2講；接続詞 Part①
↓
第3講；接続詞 Part②
↓
第4講；接続詞 Part③
↓
第5講；接続詞 Part④
↓
第6講；時制

簡単に言うと、最初に「品詞」と「5文型」をおさえて、
その次に「接続詞」をおさえて、最後に長文を正確に読むために
欠かせない「時制」をおさえる！ってわけだね。
この第1章では、あの「関係詞」も含めた接続詞の仲間を
4講（Part ①〜④）に分けて、
一つずつじっくり講義していくわけだけど、
なぜ、数多くある文法の中で接続詞をたっぷり学習するかというと、
実は、接続詞で文と文をどんどん接続していったものが、
長〜い文の正体だからなんだ。

文 SV 接続詞 文 SV 接続詞 文 SV ．

これが長い文の正体！

だから、接続詞をシッカリおさえれば、
文の構造が明確にわかるんだ。
つまり、長い文なんて恐くない！　となるわけだね！

さあ、ではそろそろ行こうか。
接続詞の前に、まずは「基本4品詞」と「基本5文型」！
この2つを理解してないとお話にならないから、
絶対に、100%完璧に理解するつもりで行こう！
Let's go!

第0講へGO

第0講 基本4品詞
～英文を作る名詞・動詞・形容詞・副詞～

文法には「名詞・形容詞・副詞」の
カタマリを作るという働きがあるんだ。
これらの働きが長文のカギになるので
ここで基本的な働きを確認しておこう！

今回の主役
4つの品詞
①名詞　②動詞　③形容詞　④副詞

どうも！　こんにちは！
英語講師の大岩秀樹です！
英語の長文が読めるようになりたい！
でも、いきなり長文を読んでも、いまいちわからないよね。
長文を読むためには、最初に知っておかなきゃならないことがあるんd。
その1つが「**品詞**」と呼ばれるやつなんだよね。

品詞は「英文法」の超基礎だけど、長文を読むときにも大事なんだ。
この第0講では、英語学習で絶対に欠かせない名詞・動詞・形容詞・副詞という**基本4品詞**をマスターしてもらうよ。
品詞の中でもこの4つは飛び抜けて重要だからね。
英文を読むときには、
「これは名詞のカタマリ」「これは形容詞のカタマリ」
などと考えて文章を理解する必要が出てくる。
だから、品詞の働きをおさえておくことはとても大事なんだ。
では、さっそく**名詞**からいってみよう！

名詞

名詞って聞いたことあるかな？
これは、**人**や**モノ**や**事柄**などの名前を表す言葉のことなんだ。
例えば、**Frank** や **Betty** とかいう人の名前や、
cat(猫)、**chair**(イス)、**orange**(オレンジ)、**water**(水)、**earthquake**(地震)
のような言葉を全部「名詞」っていうんだよね。
名詞は、文の中で主語(**S**)や目的語(**O**)や
補語(**C**)になったりと大活躍する品詞なので、
シッカリと頭に入れておいてね！
(**S**・**O**・**C** については次の第1講で詳しくやるよ)

名詞には、長文を読むときにすごく重要な役割をする
「代名詞(だいめいし)」っていう仲間もいるんだ。
代名詞は、**すぐ前の文に出てきた名詞の代わりですよという記号**で、
he(彼)、**she**(彼女)、**it**(それ)、**they**(彼ら)、**this**(これ)、**that**(あれ)、**one**((…な)もの) などがいるんだよ。▼
例文1を見てみよう。

> **例文-1**
> I love Bean. He is handsome.
> ▶ 私はビーンを愛している。彼はハンサムだ。

後ろの文の **He** という代名詞は、何を指している？
前の文に出てきた男(**Bean**)を指しているよね。
(**Bean** は河童だけど、性別は「男」らしいね。)
つまり、「**He** = **Bean**」だから、
「**He** (= **Bean**) is handsome.」ということになるんだね。
このように、代名詞は、すぐ前の文に出てきた名詞の代わりとして使われるんだ。難関大の長文でも問われる知識なのでしっかり覚えておいてね。

補足 ▼ it は後ろを指すことも多いのよ！

　it は後ろの方に [to V原] や [that S V] があったら、そこを指すと考えてね。例えば「It is dangerous to climb the mountain.（その山を登るのは危険だ。）」の It は、[to V原] のカタマリ [to climb the mountain] を指しているのよ。

> POINT
> **【長文のポイント】代名詞が指すモノ**
> ◎ **代名詞** → 基本的にすぐ前の文に出てきた名詞の代わり
> ◎ **it** → その文の後ろを見て、
>   [to V原]や[that S V]があればそこを指す

さて、ここまでは大丈夫？
1度でわからなくてもあきらめずに何度も読んでね！
次は**動詞**にいってみよう！

動詞

動詞とは**主語の動きや状態を表す言葉**のことなんだ。▼
例えば、**walk**（歩く）、**swim**（泳ぐ）、**hit**（打つ）、**stay**（滞在する）、**know**（知る）のような言葉だね。
これらは「主語の動きや状態を表す言葉」なんだ。
例文2を見てみよう！

例文-2

Bean ran in the park yesterday.
▶ビーンは昨日公園を走った。

この文の主人公は「ビーン」で、
行動は「走った」だとわかるよね。
長文を読むときに一番大事なことは、
「主人公が何をしたのか」を正確に読みとることなんだ。
だから動詞についてはシッカリと頭に入れておかなくちゃね！
さて、動詞がどんな言葉なのかわかったところで、
もうちょっと細かく話してみようかな。

補講　▼ **主語とは文の主人公のこと！**
　主語とは、日本語にしたときに「～は」や「～が」にあてはまる、その文の動作の主のことなの。例えば、「**彼は走る**」は「彼は」が主語で、「**あなたが読む**」は「あなたが」が主語になるわね。名詞の仲間だけが主語になることができるのよ。

動詞は大きく2つに分けると、
be動詞と**一般動詞**に分けることができるんだ。

be動詞とは、**be**、**am**、**is**、**are**、**was**、**were**、**been** のこと。
「〜です」とか、「〜がある [いる]」という意味で使うんだ。
be動詞は、主語と be動詞の後ろにある名詞 [形容詞] は
「イコール関係」だよと教えてくれるものなんだ。
例文3を見てみよう。

例文 -3
She is a university student.
▶彼女は大学生だ。

この文の動詞は **is**（be動詞）なので、

She　is　a university student.
She　＝　a university student

となって、「彼女＝大学生」というイコール関係になるから、
訳は「彼女は大学生だ。」になるんだ。

さらに、be動詞は「イコール関係」を表すだけじゃなくて、
主語の存在を表すこともできるんだ。
例文4を見てみよう。

例文 -4
His book is on the desk.
▶彼の本は机の上にある。

この文の動詞も be動詞の **is** だけど、
今回は「本」（物）と「机の上」（位置）はイコールじゃないよね。
こういう場合の be動詞は、主語の存在を表すんだ。

13

そして、「(主語は)(〜に)ある[いる]」という意味になるんだ。
だから、この文の訳は「彼の本は机の上だ。」じゃなくて、
「彼の本は机の上にある。」という感じになるんだよ。
このように、be動詞は２つの意味を表すことができるんだ。
be、am、is、are、was、were、been の７つはシッカリ覚えてね。▼

be動詞の意味 ─┬─ ①イコール関係：(主語は) 〜です
　　　　　　　└─ ②主語の存在　：(主語は) (〜に) ある [いる]

さあ、今度は**一般動詞**を見てみよう！
一般動詞というのは、be動詞<u>以外</u>の動詞のことなんだ。
　　　欲する　　話す　　飛ぶ
want、**speak**、**fly** のような動詞はすべて一般動詞だよね。
一般動詞は**自動詞**と**他動詞**に分けることができるんだよ。

自動詞っていうのは、**主語が<u>自</u>分だけでできる動作**と考えておこう。
例文５を見てみようか。

例文-5
Bean swims.
▶ビーンは泳ぐ。

この文の **swims** は自動詞なんだ。
なぜかというと、**swim** は **Bean** が１人だけでできる動作だから。
このように、主語だけでその動作ができる動詞を**自動詞**っていうんだ。

一方、他動詞っていうのは、
主語の<u>他</u>にも人やモノなどが必要な動作なんだ。
自動詞との違いをじっくり考えながら、
例文６をちょっと見てみよう！

石田「このへんは『大岩のいちばんはじめの**英文法**』の方でも
　　　やったよね？　僕はもう知ってるから、飛ばしてもいい？」
英子「品詞や５文型は、**長文読解にも絶対必要な超基礎**なの。わ
　　　かってても、もう一度復習して基礎を完璧にしてほしいな」
石田「そうか。基礎は１００％じゃなきゃダメだよね！」

例文 -6

My daughter bought a magazine.

▶私の娘は雑誌を買った。

この文の **bought** は他動詞（**buy-bought-bought**：～を買う）。
この文が自動詞のように、

　　My daughter bought.（私の娘は買った。）

で終わっちゃったら、
何を買ったのかわからなくて、文が完成しないよね。
bought の後ろに **a magazine** があるから文が完成するんだ。
この **bought** のように、動詞の後ろに「**～に**」や「**～を**」にあたる**名詞（目的語）**が無いと文が成り立たない動詞を**他動詞**っていうんだ。▼

POINT

be動詞と一般動詞

◎ be動詞 ─┬─ ①主語 ＝ be動詞の後ろにある名詞［形容詞］
　　　　　 └─ ②主語の存在を表す

◎ 一般動詞 ─┬─ ①自動詞：主語が**自分**だけでできる動作
　　　　　　 └─ ②他動詞：主語の**他**にも人やモノなどが必要な動作

さあ、だんだん調子が出てきた頃じゃない？
この調子で**形容詞（けいようし）**も征服しちゃおう！

形容詞

文法でもこのあたりからアレルギー反応を出す人が多いよね！
でも今日で解決！　5分後にはアレルギーは治ってるよ！

補足

▼ **自動詞と他動詞**

　もっと正確な区別は後ろに名詞を置くときの形の違いなのよ！
自動詞＝ S ＋自動詞（＋前置詞＋名詞）
他動詞＝ S ＋他動詞＋名詞

形容詞っていうのは、
名詞を飾る（説明する）言葉のことなんだ。
名詞を飾る（説明する）ことを、
名詞を **修飾 する**・名詞に**かかる**なんて言えたらもう大人です！
例えば、**happy**、**sad**、**safe**、**dangerous** などが形容詞だよ。
幸せな　悲しい　安全な　危険な

ところで、**名詞を飾る（説明する）**ってどういうことだろう？

例 **purple rabbit**
　　紫色の　ウサギ

この例を見てみると、**rabbit** が名詞なのはわかるよね。
じゃあ、**rabbit** の前にある **purple** は何だろう？って考えてみよう。
この **purple** は、名詞の **rabbit** が「一体どんな **rabbit** なのか」を説明しているよね。
例えば、一言で **rabbit** といっても、
white rabbit もいれば **black rabbit** もいるよね。
yellow rabbit もいるかもしれない。
だから名詞に形容詞を付けて、
「**rabbit** は **rabbit** でも、**purple rabbit** なんだ！」
というように、**名詞の性質や状態を説明している**んだよね。
この **purple** のように、
名詞の性質や状態を説明する言葉を形容詞というんだ。

副詞

では、基本4品詞の最後、**副詞**にいってみよう！
　　　　　　　　　　　　　　ふくし
これが終わったらいよいよ本格的な授業に入っていくからね！
副詞とは、**名詞以外を飾る（説明する）言葉**のことなんだ。

「名詞以外」っていうのは、
動詞・形容詞・(他の)副詞・文全体などだけど、
簡単に「**名詞以外**」と覚えておいたら忘れないよね。
「飾る（説明する）」ってことの考え方は形容詞と同じ。
ただ、副詞は「**名詞以外**」を飾るってところがポイントだから、
これは忘れないでね。▼
例えば、**very**（とても）、**often**（しばしば）、**always**（いつも）、**yesterday**（昨日）などが副詞だよ。

例 very big dog（とても 大きな 犬）

この例を見てみると、**dog** は名詞だよね。
big は **dog** を飾っているから形容詞になるよね。
それじゃあ、**very** は何を飾ってる？
そうそう、**very** も **dog** を飾って、「とても→犬」に……
なってない……なってないよ父ちゃん……。
very は形容詞の **big** を飾って、
「とても→大きな→犬」になってるんだよね。

very big dog （とても大きな犬）

ということで、名詞以外（ここでは形容詞）を飾っているから、
very は副詞ってことになるんだ。わかった？
この本では、副詞のカタマリは（　）で囲ってあるから、
これ覚えておいてね。

ハイスピードで片づけたけど、
ちゃんと4つの品詞が頭に入ったかな？
次のページの CHECK 問題で確認してみよう！

石田「副詞くんは名詞さんが嫌いなの？　副詞は名詞**以外**を飾るなんて、名詞さんだけ仲間外れなんて、かわいそうだよ」
英子「名詞を飾るのは形容詞だよね。形容詞くんと名詞さんは恋人同士。だから副詞くんは名詞さんに手を出せないのよ」
石田「あ、なるほど。形容詞くんと名詞さんはベッタリだもんね」

第0講 CHECK問題

第0講 まとめ

★名　詞　→　人やモノや事柄の**名前**を表す言葉
★動　詞　→　主語の**動き**や**状態**を表す言葉
★形容詞　→　**名詞**を飾る（説明する）言葉
★副　詞　→　名詞**以外**を飾る（説明する）言葉

■問1　次の英単語の品詞名を、下の選択肢①〜⑤から選びなさい。
　　　①名詞　②動詞（自動詞）　③動詞（他動詞）
　　　④形容詞　⑤副詞

☐ 1　find　　　　☐ 2　large
☐ 3　cousin　　 ☐ 4　push
☐ 5　ahead　　　☐ 6　jump
☐ 7　tomorrow

■問2　下線部が指している語句は何かを答えなさい。

☐ 8　Mariko met Frank yesterday.　<u>He</u> looked happy.

☐ 9　I think <u>it</u> is difficult to master French.

☐ 10　What is a tiger?　<u>It</u> is like a big cat.

★とってもやさしい★ 解答 & 解説

●●● ここがポイント！ ●●●

基本的に、fly や walk のように、主語だけでできる動作を**自動詞**というんだけど、buy ～ や have ～ のように、主語以外にも「～を」「～に」にあたる人やモノなどが必要な動作を**他動詞**というんだ。これはシッカリとおさえておこう！

- □ **1** ☞ ③　★「～を**見つける**」という動作は「～を」が必要なので他動詞。
- □ **2** ☞ ④　★「**大きい**→パンツ」のように名詞を飾るので形容詞。
- □ **3** ☞ ①　★「**いとこ**」は人なので名詞。
- □ **4** ☞ ③　★「～を**押す**」という動作は「～を」が必要なので他動詞。
- □ **5** ☞ ⑤　★「**前方に**→進む」のように名詞**以外**を飾るので副詞。
- □ **6** ☞ ②　★「**跳ぶ**」は主語だけでできる動作なので自動詞。
- □ **7** ☞ ⑤　★「**明日**→遊ぶ」のように名詞**以外**を飾るので副詞。

- □ **8** ☞ Frank　▶ マリコは昨日フランクに会った。彼は幸せそうだった。

　★ He（彼は）は、代名詞なのですぐ前に出てきた名詞の代わりをする。また、「彼は」＝「男性」であることもわかるので Frank が正解。

- □ **9** ☞ to master French　▶ 私はフランス語を習得するのは難しいと思う。

　★ it は後ろの方に [to V原] や [that S V] があったらそこを指す（この [ ] は**名詞のカタマリ**という意味）！　従って、to master French（フランス語を習得すること）という名詞のカタマリが正解。

- □ **10** ☞ a tiger　▶ トラって何ですか？　それは大きなネコのような存在です。

　★ it の後ろの方に [to V原] などが無いので、前に出た名詞の代わりをする。従って a tiger が正解。ちなみに「It is like ～」の動詞は is なので、like は動詞ではない。動詞ではない like は「～のような／～のように」と訳す（この like は前置詞なんだよ）。

第1講 基本5文型
～英語の並び方～

英文は、修飾語を取り除けば基本5文型の内容のみが残るよね。
そして、それこそがメインの内容なんだ。
基本5文型は正確に見抜けるようにね！

今回の主役
① 基本5文型
② 第4文型 ←言いかえ→ 第3文型

英文には**基本5文型**という並び方のパターンがあって、
「**主語（S）＋動詞（V）**」の後ろに**5つの型**をとるのが基本！
そして、この5つの型を決めている影の支配者は、実は**動詞**なんd！
動詞によって、その文の型が決まることが多いので、
動詞を覚えるときは、どんな型をとるのかに注目しておこう！

第1文型：S＋V（自）

> 例文-1
>
> The sun shines.
>
> ▶太陽は輝く。

この文は **The sun** と、
自動詞 **shines** で文が完成しているね。
このように文の要素が **S** と **V** だけの文を**第1文型**というんだ。
「**S** になれるのは**名詞**だけ」「**V** になれるのは**動詞**だけ」

注意 SVOC が一目でわかるように色分けしてあるのよ！

- **S** …水色は**主語**。名詞[代名詞]だけが主語になれる。
- **V** …桃色は**動詞**。be動詞と一般動詞の2種類がある。
- **O** …黄色は**目的語**。名詞だけが目的語になれる。
- **C** …緑色は**補語**。名詞と形容詞だけが補語になれる。

というルールは、さけんだり書いたりして、絶対に覚えておこう！
ちなみに、基本5文型には、
修飾語 M が置かれることも多いんだ。
これは、第1文型だけじゃなく、第5文型まで共通だからね。修飾語 M の代表は、「前置詞＋名詞」、場所や時を表す言葉など。
修飾語 M は、文型には関係がないので誤読しないように注意！

例 ① The sun shines on the earth. →第1文型（SV）の文
               M
② The sun shines every day. →第1文型（SV）の文
                M

第2文型：S＋V（自）＋C

例文-2

My aunt became a lawyer.
▶私のおばは弁護士になった。

このように、**動詞の後ろに補語 C（主語とイコール関係の名詞・形容詞）を補って完成させた文**を**第2文型**というんだ。
例文2の **My aunt**（S）と **a lawyer**（C）は同一人物だよね。
つまり、登場人物は S のみで、C とは S の説明のことなんだ。

第2文型は、イコール関係を作る be動詞か自動詞を使った文で、動詞を be動詞にしても文が成り立つのが特徴だからね。▼
　　My aunt was a lawyer.（私のおばは弁護士だった）

第2文型は、必ず S＝C という関係になることに注意しつつ、
「**C になれるのは名詞と形容詞だけ**」
というルールを何度も呪文のように唱えて、絶対に覚えておこう！

▼ **第2文型をとる自動詞の例**
become〔〜になる〕／ look, seem〔〜に見える〕／ feel〔〜と感じる〕／ keep〔〜のままでいる〕。これらは「S＝C」を作る自動詞だから、be動詞と置きかえても文が成り立つナリ。
　例：My aunt became〔⇔ was〕a lawyer.

ちなみに、動詞の後ろに名詞とセットになっていない形容詞があったら必ず第2文型 **SVC** だよ！

第3文型：S＋V（他）＋O

例文 -3

Rabi wants a carrot.
▶ラビはニンジンを欲しがっている。

wants は他動詞なので、「**Rabi wants.**」で文が終わっちゃったら、「何を欲しがっているんだよ、この欲しがり屋さんがっ！」
ってツッコミを入れたくなっちゃうよね。
他動詞は後ろに名詞（目的語 O）がこないとダメなんだ。
そこで、他動詞の後ろに、**a carrot** のような「〜を」にあたる名詞（目的語）を置いて完成させた文を第3文型というんだ。

はい、そしてここに注目！
第2文型 **SVC** との決定的な違いは、
S の **Rabi** と **O** の **a carrot** が同一人物ではないというところ！
SVC は **S＝C**　→動詞を be 動詞にしても文が成り立つ
SVO は **S≠O**　→動詞を be 動詞にすると変な文になる
第2文型か第3文型か迷ったら、動詞を be 動詞に置きかえてみよう！
　　　Rabi is a carrot.（ラビはニンジンです）
ええ！　ラビってニンジンだったの⁉　……って、違うしっ！
……のように、文がおかしくなったら第3文型だからね。

第2文型の **V** は be 動詞や自動詞。
でも、第3文型の **V** は**他動詞**ということを忘れたらいかんですよ！▼

▼動詞は文型で意味が変わる！
例えば、**buy** は第3文型では「〜を買う」という意味だけど、第4文型では「〜に〜を買ってあげる」になるんだヒョ。
　例：**Ishida bought a pen.**　→第3文型（**SVO**）
　　　（石田はペンを買った。）

「**O になれるのは名詞だけ**」
という重要なルールは何度もつぶやいて必ず頭にたたきこもう！

第4文型：S＋V(他)＋O₁＋O₂

例文-4

Ishida bought me a pen.

▶石田は私にペンを買ってくれた。

例文4では、他動詞 **bought**（**buy** の過去形）の後ろに
me と **a pen** という2つの名詞がいらっしゃいますよね。
第4文型は主語以外にも名詞が2つ出てくる文なんだ。
例えば、「**Ishida bought.**」のように、
他動詞で終わっちゃうと文が完成しないので、
動詞の後ろに名詞（目的語 **O**）を2つ、
「〜に」「〜を」の順番で置くんだ。
「**S＋V＋O₁（〜に）＋O₂（〜を）**」の語順になるってことね！
「**SV にを…**」「**SV にを！！**」と何度もボソボソつぶやいて覚えよう！
動詞の後ろに名詞が2つ並んでたら「第4文型か？」と疑ってみてね。

第5文型：S＋V(他)＋O＋C

例文-5

Rose made me happy.

▶ローズは私を幸せにした。

この文は、動詞の後ろに **me** と **happy** が並んでいるよね。
happy は形容詞だから、第4文型ではなさそうだ。▼

補足 ▼「**S になれるのは名詞だけ**」「**O になれるのは名詞だけ**」
このような基礎知識を正確におさえておくと、「倒置」のような上級文法もすぐに見抜けるようになるよ。この本は、上級文法につながる基本を徹底するものなので、扱わないけどね。

「じゃあ、何だ？」と思っていると、
……ほ～ら見えてきた！
この **happy** は、直前の **me** の状態を説明しているよね。
つまり、**me** の状態が **happy** だと説明しているんだ（**me** ＝ **happy**）。
こういうのを **O ＝ C** の関係が成り立っているといって、
SVOC（O ＝ C） の第5文型ということになるんだ。
訳は「**S は、"O ＝ C" という状態を V する**」というイメージね。
例文5だったら、
「ローズは、私＝幸せ（という状態）にした」。
つまり、「ローズのおかげで、私は幸せになった」という内容だね。
では、次の例文はどうでしょう？

例 My mother named the fox Mop.
　▶私の母はそのキツネをモップと名づけた。

この文は **the fox** と **Mop** という名詞が2つ並んでいるので、
「第4文型かな？」……と思っちゃいそうだけど、
「**the fox ＝ Mop**」なので、第5文型になるんだ。
第4文型の O_1 と O_2 はイコール関係は成立しないよね。
そこが**第5文型との最大の違い**なので忘れないようにね！
　　第4文型：S V O_1 O_2 （+M）　（O_1 ≠ O_2）
　　第5文型：S V O C（+M）　　（O ＝ C）
簡単に言うと、
「me happy → I am happy」（me を I に変更）
「the fox Mop → The fox is Mop」
のように、第5文型は O と C の間に be 動詞を入れた時に、
第2文型 SVC の文が出てくるんだ。シブイよね。
さあ、これで基本5文型の基本は終わったけど、お腹いっぱいになった？

しかし、確実に文型をマスターしてもらうために、
まだまだお代わりは続くのだ！
それでは引き続き、冠詞と前置詞もここで片づけましょうか！

冠詞

冠詞っていうのは **a[an]** と **the** の2つのことね。
この子たちは、「後ろに名詞が出てくるぞ！　気をつけろ！」
っていう合図だと考えてほしいんだ。
そして、**名詞のカタマリを作る**という超重要な働きもしているんだよ。
例文6を見てみよう。

例文-6

Ted asked her an easy question.
▶テッドは彼女に簡単な質問をした。

この文が「SVO_1O_2」の第4文型になっているのがわかるかな？
an easy question が名詞のカタマリになって **O** の働きをしているよね。
　　　[an easy question]　→　[冠詞 ..... 名詞]
　　　　1つの名詞のカタマリ

こんなふうに、**a[an]** と **the** は、
「後ろに出てくる名詞までを１つの**名詞のカタマリ**にしちゃうぞ！」
という合図だってことを絶対に覚えておいてね。▼
そうそう！
冠詞の仲間に、冠詞相当語っていうオツなやつもいるんだよ。
これは、**my・your** などや、**this・that** などのことで、
冠詞と同じように、**名詞のカタマリ**を作るんだ。
冠詞や冠詞相当語はどれか１つしか使えないので、
２つ並べて使わないように気をつけてね。

▼ カタマリという考え方は大事ピヨ！

入試では、難関大でも代名詞が何を指すか問われる問題が出題
されることがあるピヨ。そのときは、「１語で抜き出しなさい」
という指示がないかぎり、名詞をカタマリで抜き出してあげる
のが基本ピヨ。

○ **this book of mine** （この私の本）
× **this my book** ／ **my this book**

前置詞

前置詞とは、**at**、**in**、**on**、**of**、**from** などのことね。
こいつらも「**後ろに名詞が出てくるぞ！**」という合図だと考えておこう。
さらに、前置詞は
「**後ろに出てくる名詞まで、副詞か形容詞のカタマリにしちゃう**」
という重要事項も必ず押さえておこう！

　　『前置詞 ….. 名詞』→ 副詞か形容詞のカタマリ

……まあ、ほとんどの場合、**副詞のカタマリになる**んだけどね。
そして、実際は基本５文型のみの文は少なく、
修飾語がふんだんに使用された贅沢仕上げの文が多いので、
副詞や形容詞のカタマリが見抜けるようになることは、
「要点＝文の骨格」を見抜いて長文を読むために欠かせないんだ。

では、例文７で**副詞のカタマリ**からチェックしていこう！

例文 -7

Birds fly in the sky.

▶鳥は空を飛ぶ。

この文は、**fly** という動詞の後ろに語句がまだ続いているけど、
よく見ると**第１文型（SV）**だとわかるよね。
前置詞 **in** は、後ろの名詞 **sky** まで**副詞のカタマリ**を作っているんだ。
副詞のカタマリを（　）でくくるとこんな感じになるね。

　　Birds fly（**in the sky**）.　→第１文型
副詞は修飾語 M なので、基本５文型には関係のない部分になるんだ。

▶ 前置詞＝名詞の**前に置く**詞（ことば）
　　前置詞は"名詞の"前に置く詞（ことば）という意味なの。
だから、前置詞の後ろには**必ず名詞が出てくる**のよね。つまり、
前置詞は「後ろに名詞が出てくる」合図としても使えるのよ。

また、『前置詞 ..... 名詞』は直前に名詞がある場合、
その名詞に説明を加える形容詞のカタマリになることもあるんだよ。

　　　名詞 〈前置詞 ..... 名詞〉　→形容詞のカタマリ

　　例 The pictures on the table are mine.
　　　　▶テーブルの上の写真は私のものだ。

この「**on the table** ＝前置詞 ..... 名詞」というカタマリは、
「テーブルの上の→写真」のように、
直前の名詞 **The pictures** を修飾しているよね。
つまり、「名詞を修飾している＝**形容詞**の働き」ということなんだ！
では、形容詞のカタマリを〈　〉でくくってみよう！

　　　The pictures 〈on the table〉 are mine.

となるね。
この〈**on the table**〉は **The pictures** を説明しているから
S の**一部**として考えてもいいんだけど文型には関係ないよね。
ハイ、突然だけどココで注目！
実は、これらの例のように『前置詞 ..... 名詞』は、
副詞のカタマリであろうと**形容詞のカタマリ**であろうと、
文型には直接関係のない**修飾語のカタマリ**になるのが基本！
つまり、**文の要素（S/V/O/C）にはならないカタマリ**を作るわけだね。
だから、前置詞を見たら、
① 後ろに出てくる名詞まで１つのカタマリ！
② 基本５文型には関係のない単なる修飾語！
と考えよう。
これらのように英語では、いくつかの語が「カタマリ」となって、
名詞・動詞・形容詞・副詞の働きをするので、
長文を読むときも「カタマリ」を見抜くことが重要なんだよね。
では、冠詞と前置詞の働きをキチンとマスターしたところで、
入試で前置詞を入れる問題として出題されることもある

第１講　基本５文型

「第4文型と第3文型の言いかえ」で第1講をしめましょうか！

第4文型←言いかえ→第3文型

例文 -8

① Rabi gave Mop a magazine.　（第4文型）
② Rabi gave a magazine to Mop.　（第3文型）
　▶ラビはモップに雑誌をあげた。

①も②も意味は同じで、見た目もほとんど同じ。
双子だけどどこかが違う…みたいな雰囲気だよね!?
①は、他動詞 **gave** の後ろに名詞が2つ(**Mop** と **a magazine**)あって、
「モップに」「雑誌を」の順番（「**SV にを**」の順番）に並んでいるから
第4文型だよね。
でも、②は to Mop が『前置詞 ..... 名詞』のカタマリ、
つまり単なる修飾語 M になっているので、第3文型だよね。
この文のように、多くの場合、前置詞を使って
第4文型と第3文型は言いかえることができるんだ。

では、言いかえに必要な前置詞が入試で出題された場合は、
どのようにして選べばいいのかを伝授いたしましょう！

POINT
「第4文型→第3文型」の言いかえで使う前置詞

❶相手がいないと悲しくなる動作　→ **to**　を使うべし！
❷1人でも悲しくならない動作　　→ **for**　を使うべし！
❸ ask　　　　　　　　　　　　→ **of**　を使うべし！

それじゃあ実際に、次の（　）に前置詞を入れて言いかえてみよう。

例-1 ① **I sent her a letter.**
② **I sent a letter (　) her.**
▶私は彼女に手紙を送った。

①の文は「SV ～に～を」の語順だから第4文型だよね。
②の文は、①の文を第3文型（**SVO ＋修飾語 M**）に言いかえた形、
つまり「**SV ＋～を＋前置詞＋～に**」という語順にすればいいんだ。
それさえわかればあとは簡単！
「手紙を送る」という動作は**相手がいないと悲しいよね**……。▼
そんな動作は、左の **POINT** の❶にもあるように、**to** を使って
　　I sent a letter to her.
とすればいいんだ。
よし、じゃあもう一題だけ練習しておこう。
では、次の（　　）には何の前置詞が入るでしょうか!?

例-2 ① **He made his daughter a fruit salad.**
② **He made a fruit salad (　　) his daughter.**
▶彼は娘にフルーツサラダを作ってあげた。

さあ、今度は「フルーツサラダを作る」という動作だね。
この動作は、彼が自分のために作っても、
自分が美味しい思いをするので嬉しいよね。
つまり、**1人でも悲しくならない動作**
なので、**for** を使って
　　He made a fruit salad for his daughter.
となるわけだね。どう？　わかったかな？？
よし、ここまで頭に入ったら、CHECK 問題で確認してみよう！

▼ **相手がいないと悲しい!?**
「相手がいないと悲しい動作」というのがよくわからない人は、**「相手がいないと成り立たない動作」**と考えてもいいピヨ。「送る」という動作は相手がいてはじめて成り立つピヨ。「相手がいなくても成り立つ動作→ for」になるピヨ。

第1講　基本5文型

第1講 CHECK問題

> ●●● 第1講 まとめ ●●●
>
> ★第1文型：$SV_{(自)}(+M)$　　★第2文型：$SV_{(自)}C(+M)$
> ★第3文型：$SV_{(他)}O(+M)$　　★第4文型：$SV_{(他)}OO(+M)$
> ★第5文型：$SV_{(他)}OC(+M)$

■問1　次の英文の文型を下の選択肢から選び、番号で答えなさい。
　①第1文型　②第2文型　③第3文型　④第4文型　⑤第5文型

□ 1　Freda's books were on the table.

□ 2　Please keep the windows open.

■問2　次の第4文型の英文を第3文型に書きかえなさい。

□ 3　My sons bought me some flowers.
　　▶私の息子たちは、私に花を買ってくれた。

□ 4　Lucy taught me the recipe.
　　▶ルーシーは、私に調理法を教えてくれた。

□ 5　Janice asked her students a very difficult question.
　　▶ジャニスは、生徒たちにとても難しい質問をした。

★とってもやさしい★ 解答&解説

●●● ここがポイント！ ●●●

★ a[an] や the が出たら、その後ろにある名詞までを**名詞のカタマリ**と考えろ！
★ 前置詞が出たら、その後ろにある名詞までを**修飾語のカタマリ**と考え、**文型には関係ない**と考えろ！

☐ **1** ☞ ① Freda's books were on the table.
▶フリーダの本はテーブルの上にあった。

★ on the table は前置詞 on が作る副詞（修飾語）のカタマリなので文型には関係ない。よって、①が正解。第1文型の be 動詞は**存在**を表し、「**〜がある／〜がいる**」という意味になる。

☐ **2** ☞ ⑤ Please keep the windows open.
▶窓を開けたままにしておいてください。

★動詞の keep は第5文型「keep **O C**」で、「**O を C の状態に保つ**」という意味になるんだ。the windows ＝ open というイコール関係が成立しているよね。

☐ **3** ☞ My sons bought some flowers for me.

★ buy（買う）は、自分のために買い物をすることもできるので、相手がいなくても成り立つ動作。だから for が正解。書きかえるときは語順に注意！ ≪語順≫「**SV 〜に 〜を（第4文型）**」⇔「**SV 〜を＋前置詞＋〜に（第3文型）**」

☐ **4** ☞ Lucy taught the recipe to me.

★ teach（教える）という動作は、相手がいないと（教えることができないので）悲しくなる動作だよね。こういう動詞のときは to を使って書きかえれば正解！

☐ **5** ☞ Janice asked a very difficult question of her students.

★ ask（たずねる）という動作は、of を使うんだったよね。
≪語順≫「ask 〜に 〜を」＝「ask 〜を of 〜に」

第2講 接続詞 Part ①
~副詞のカタマリを作る接続詞~

カタマリを作る文法で、絶対に忘れてはいけないのが接続詞。
接続詞をマスターして、複雑な構造でも1つの文を正確に見抜く力をつけよう！

今回の主役
（副詞のカタマリ）を作る接続詞
＝基本的にすべての接続詞

英文を読むときって、ものすごく長〜〜〜い文が出てくるよね。
ピリオドが3行ぐらい出てこないし、日本語と違って「、」は少ないし。
俺なんて、「こんなの読めるかっ!!!!!」ってさけびながら、
テキストを壁に投げつけたこともあったからね（本当）！（笑）
でも、そんな症状に悩むあなたも今日からはぐっすり眠れるのです！
実は、文が長い理由は、2つも3つも文がつながっているからなんだ。
その、文をつなぐ働きをするのが接続詞！
つまり、**接続詞さえマスターすれば、長文なんて怖くない（本当）！**

あ……今、疑ったでしょ!?
もちろん、接続詞だけでは長文の完全制覇とはいかないよ。
単語・熟語・構文や他の文法も必要だし、読み方も大事だからね。
でも、「長文が怖くなくなる」のは本当だからね。
接続詞をマスターすれば、**長い文が正確に読めるようになる。**
つまり、**長文の完全制覇へ向けての最強の武器の1つ。**
それが「接続詞」なんだ！

それがご理解いただけたら、立ち止まっている暇はない！
接続詞の授業を始めていこうじゃありませんかっ！

副詞のカタマリを作る接続詞

例文-1

① As I was so tired, I went to bed early yesterday.
② I went to bed early yesterday as I was so tired.

▶私はとても疲れていたので、昨日は早めに床についた。

うわっ！　出たっ！　もう無理っ！　読めないっ！　寝るっ！
……とか思った人！
落ち着いて、よ〜〜〜〜〜く見て！
使ってる単語は中1レベルだよ！
大丈夫。一緒に①の文を見てみようよ。
このままだと長くて読みにくいこと山の如しなので、
まずは**動詞の数をチェック**して、
いくつの文がくっついているのかを調べてみようじゃないか！

英文は1つの文に動詞は1回が原則！▼
なのにこの例文は、動詞が **was** と **went**（**go** の過去形）の2つもある。
だから、この文は2つの文がくっついているとわかるんだ。

そして、文と**文をつなぐときは**、必ず接続詞が必要なんだ。
この文の接続詞はどれかわかる？
……そう！　**As** だよね！　**As** は「**as** S V」で「S は V する**ので**」
という意味で使える接続詞なんだ。

▼ **1つの文に動詞は1回しか使えない！**
　1つの文に使える動詞は1回だけなんだヒョ。だから、動詞の数を数えれば、いくつの文がくっついてできた文なのかがわかるんだヒョ。「動詞の数＝文の数」なんだヒョ。

接続詞の基本的な働きは、
カンマ (,) やピリオド (.) などの切れ目まで副詞のカタマリを作る
という働きなんだ。副詞のカタマリを（　）でくくると、
　　① （**As** I was so tired），**I** went to bed early yesterday.
となるよね。

「……。で？　それが何か？」とか思っているあなた！
これで**訳の順番が決まった**ことにまだ気づいていないね!?
和訳問題で力を発揮すること間違いなしのコノスゴサに！
日本語は「**とても→大きな→河童**」のように、
「**副詞→形容詞→名詞**」の語順が基本だよね!?
つまり、接続詞が副詞のカタマリを作ったということは、
「その副詞のカタマリから訳すといいよ」と教えてくれているんだよ！
だから、和訳の順序としては、副詞のカタマリを先に訳し、
残った文［＝主節］をあとで訳すときれいな日本語になるんだ。▼
　　（**As** I was so tired），**I** went to bed early yesterday.
　　▶（私はとても疲れていた**ので**）、私は昨日は早めに床についた。

「カンマやピリオドなどの文の切れ目まで副詞のカタマリを作る」のが、
接続詞の基本的な働きなんだ。
これがわかれば、面白いほど文のつながりが見抜けるようになるからね。

じゃあ、今度は②の文も見てみよう。
　　② **I** went to bed early yesterday **as** I was so tired.
まず、**動詞の数をチェック**！
……すると、**went** と **was** の２つを発見！
次に、**接続詞を探す**と、今度は文中に **as** がいたよ！
接続詞は**カンマやピリオドまで副詞のカタマリを作る**んだったよね。

「語・句・節」とは？

単語のことを**語**、動詞を含まないカタマリのことを**句**、動詞を含むカタマリ（**SV**）のことを**節**というの。接続詞が作る副詞のカタマリは副詞の働きをするので、副詞節と呼ぶこともあるのよ。また、接続詞がない方の文を主節というのよ。

今回はピリオド（．）までをカタマリにして、
　　② **I went to bed early yesterday（as I was so tired）.**
となるんだ。
そして、副詞のカタマリから訳すと、
「（**私はとても疲れていたので**）、私は昨日は早めに床についた。」
となって、①と全く**同じ訳**になったよね。
ここが接続詞のポイントの１つでもあるんだ。
接続詞は基本的に副詞という修飾語のカタマリを作るので、
①の文のように（副詞のカタマリ）がもう１つの文の**前**にあったり、
②の文のように**後ろ**にあったりもする。
つまり、副詞のカタマリは、文の前と後ろの両方に置くことができる
というわけなんだ（そして、時には文中にあることも）！
ここで混乱しちゃう人が多いんだけど、もう今日からは大丈夫だよね。
ちなみにこの例文のように、
カタマリの中の文の主語と、
カタマリの外の文の主語が同じ場合は、
どちらか一方を省略してあげるとさらにきれいな日本文になるよ。
　　例（**私は**とても疲れていたので）、**私は**昨日は早めに床についた。
　　　→（とても疲れていたので）、**私は**昨日は早めに床についた。
　　　→（**私は**とても疲れていたので）、昨日は早めに床についた。

ではお待たせいたしました！
次のページで、代表的な「接続詞　特選20」をご紹介！
これを覚えれば、これからがグッと楽になるのでしっかり覚えてね！

それでは、暗記タイムは５分間！
次のページを開いて！　ヨーイ、スタート！

● POINT ●

いちばんはじめの接続詞　特選20：(副詞のカタマリ)

1. ☐ **when** S V ：S が V するとき
2. ☐ **if** S V ：もしも S が V するならば
3. ☐ **before** S V ：S が V する前に
4. ☐ **after** S V ：S が V した後に
5. ☐ **because** S V ：S が V するので
6. ☐ **unless** S V ：S が V しない限り
7. ☐ **until** S V ：S が V するまでずっと（= **till** S V）
8. ☐ **although** S V ：S が V するけれども（= **though** S V）
9. ☐ **whether** S V(or not)：S が V しようとしまいと
10. ☐ **in that** S V ：S が V するという点で
11. ☐ **now that** S V ：今やもう S は V するので
12. ☐ **even if** S V ：たとえ S が V したとしても
13. ☐ **as soon as** S V：S が V するとすぐに
14. ☐ **by the time** S V：S が V するまでに
15. ☐ **as far as** S V：S が V する限り【距離・程度】
16. ☐ **as long as** S V：①S が V する間は【時】
　　　　　　　　　　　②S が V するならば【条件】
17. ☐ **since** S V：①S が V するので
　　　　　　　　　②S が V して以来
18. ☐ **while** S V：①S が V する間に
　　　　　　　　　②S が V する一方で
19. ☐ **in case** S V：①S が V する場合には
　　　　　　　　　　②S が V する場合に備えて
20. ☐ **as** S V：①S が V するので
　　　　　　　②S が V するとき
　　　　　　　③S が V するにつれて
　　　　　　　④S が V する（のと同じ）ように

はい、お疲れさまでした。
代表的な接続詞を覚えたところで、
次は接続詞の超重要ルールをマスターしましょう！

時や条件を表す副詞のカタマリ

例文-2

① If it is fine tomorrow, we will climb the mountain.

② We will climb the mountain if it is fine tomorrow.

▶もし明日晴れたら、私たちは山に登るつもりだ。

では、もちろん**動詞の数からチェック**していきましょうか。
動詞は2つ（**is** と **climb**）あるね。
そして接続詞を探してみると、
やっぱりいたね、「**if S V（もしも S が V するならば）**」がっ！
さっそく**切れ目**まで（副詞のカタマリ）にしてみると、

　① (**If** it is fine tomorrow), we will climb the mountain.

　② We will climb the mountain (**if** it is fine tomorrow).

となるので、①も②も、
「(もし明日晴れたら)、私たちは山に登るつもりだ。」
とバッチリ意味がとれたよね。▼

ここで1つ注意しておきたいことがあるんだ。
この例文を見て、おかしな部分に気がつかないかな？
この文は **tomorrow** が付いた、**未来を表す文**だよね。
だからカタマリではない方の文は **will climb** になっているね。
でも、**カタマリの中の動詞には will が付いていない**んだ。
……ミスプリ？

▼ 「それは」と訳さない it

　この文の **it** は、前の文の名詞を指しているわけじゃなく、文の後ろに [**to V**原] などのカタマリも無いので、特に**意味は持たない**んだヒョ。「天気・時間・距離・明暗・寒暖」などの話をするときは、この意味の無い **it** を **S** にするんだヒョ。

実はそうなんです、すみませんでした。
……って、そんなわけあるかいっ！
実は、接続詞には絶対に覚えておかなければならない、
入試頻出の超重要大ルールがあるのだ！

POINT

接続詞の超重要大ルール

★ **時**や**条件**を表す（副詞のカタマリ）の中は、
　未来の文でも現在形で書く！▼
① **時**を表す接続詞　　→ when、as soon as　など
② **条件**を表す接続詞　→ if、unless　など

このルールは、大学入試だけじゃなく、
英検や TOEIC といった資格試験にも出題されることがあるので、
何回も声に出してシッカリと覚えておくようにね！
長文を正確に読むためには、「現在・過去・未来」のいつの話なのかを
シッカリ読みとる必要があるんだ（P.90）。
このルールを知らないと、未来のことなのに
現在の出来事だと誤読してしまうので要注意だからね。
よし、では次はもっと長い文に挑戦しよう！

注意

時・条件の現在と過去は？

「未来の文が現在形になるのはわかったけど、現在の文や過去の文は何形で書くの？」という質問が必ず出るんだけど、**現在の文は現在形、過去の文は過去形で書く**のよ。あくまでも、「**未来の文は現在形**」というルールだからね。

複数の接続詞を含む文

例文-3

If you want a camera, I will buy one for you because I have not given you a birthday present yet.

▶もしカメラが欲しいなら、まだ誕生日プレゼントをあげていないので、私があなたに買ってあげましょう。

いよいよ**長文**読解で苦戦しそうな長さの文になってきたね！
でも大丈夫。いつものように**動詞の数からチェック**していこう。
この文の動詞［助動詞＋動詞］の数は、
want、will buy、have not given の3つ。
「助動詞＋動詞」も1つの動詞（のカタマリ）だからね。
ということは、**接続詞は2つ必要**になる予感がするよね。
え？　どうして「2つ」の予感がするのかって？
……それは、私が15歳のときの出来事だったんだが……って、
俺の15歳の涙なしには語れない出来事に関係あるかいっ！
接続詞は文と文をつなぐ働きをしているんだよね。
1つの文には動詞は1回しか使えないので、
動詞が3つあるということは、
3つの短い文がくっついてできた文だとわかるんだ。
そして、3つの文をつなぐためには、
2つの接続詞が必要になるでしょ!?▼

| 文 SV | 接続詞 | 文 SV | 接続詞 | 文 SV |

図説　V-1＝接続詞の数

▼ 接続詞の数は「動詞の数－1」個

接続詞の数は「動詞の数－1」個と覚えておいてね。例えば、動詞が2個あるなら接続詞が1つ必要になるし、動詞が3個あるなら、接続詞は2つ必要になるのよ。
（動詞2－1＝接続詞1　／　動詞3－1＝接続詞2）

第2講　接続詞

これさえわかれば、もう大丈夫！
接続詞を探してカタマリを作ってみると、
　　（① **If** you want a camera）, **I will** buy **one** for you
　　（② **because** I have not given you a birthday present yet）.
のように、（副詞のカタマリ）が２つ出てきたよね。
こんなときは、
最初にあるカタマリ①を先に訳し、
次にカタマリ②を訳して、
最後にカタマリに入っていない部分を訳してあげればいいんだ。
そうすれば、例文３の和訳例のようになるよね。

> ● POINT
> **副詞のカタマリを訳す順番**
> ★カタマリが２つ以上あるときは、
> 　前のカタマリから順番に訳す！
> （① 接 S V）, S V （② 接 S V）.
> ▶（①）→（②）→ S V

ここまではバッチリ理解できたかな!?
ちなみに、「１つの文には動詞は１回」というルールは、
整序英作文で頻出の「接続詞の省略」「関係詞の省略」や、
「使役動詞」のような特殊語順になる文法を見抜く
極めて重要な手掛かりにもなるので絶対に忘れないようにね。▼

では、とりあえずここまでの内容が理解できたかどうか、
次の例文４は自分で訳してみましょうか。
それでは、はじめっ！

使役動詞
使役動詞は特殊な語順で動詞が２回登場するピヨ！
「make ～ V原（～に V させる）」
「have ～ V原（～に V してもらう）」
「let ～ V原（～が V することを許す）」

例文-4

> Something bad will happen if you do not do as you are told.

なんか変な占い師（？）みたいな人が言ってるけど（笑）
さっそく見ていこう！
もちろん動詞[助動詞＋動詞]の数からチェックね。
今回も動詞は次の3つ！

will happen、do not do、are told（受動態）

ほほう。ということは、**接続詞は2つ**になるんですな!?
おお！ **if** と **as** をバッチリ発見しましたぜ親分！
そこで、両方とも**文の切れ目までカタマリ**にしてみると……。

Something bad will happen
（① **if** you do not do〔② **as** you are told〕）.

おお!?（カタマリ①）の中に（カタマリ②）がある変な形出現っ！

しかし、こんなときこそ落ち着こう。
こんなときは、次の語順で訳してあげれば正確な意味がとれるのだ。
　①の動詞の前まで訳す→②を全部訳す→①の残りを訳す。
これを実際にやってみると、
（① **if** you do not do〔② **as** you are told〕）.
　▶（①もしあなたが、〔②あなたが言われたように、〕①しないなら）、
みたいな感じだね。
そして、最後にカタマリに入っていない部分を訳せば完成！

Something bad will happen
　▶ 何か悪いことが起こるだろう。

ということで、例文4の訳は、
「もしあなたが、(あなたが)言われたようにしないなら、何か悪いことが起こるだろう。」となるね！

接続詞がわかれば、文構造がスラスラわかるようになるでしょ⁉
「わかるようになる！　＝楽しくなる！　＝英語が得意になる！」
の等式が成り立つので、この授業でしっかりマスターしよう！

では、最後に難関大の長文でよく見られる**「カンマが無い場合」**の**「文の切れ目」発見法**をやって終わりにしよう！

カンマが無い場合の「文の切れ目」発見法

接続詞は、(副詞のカタマリ)を作るのが基本だよね。
そして、そのカタマリは**カンマ[ピリオド]**までが基本。
しかし！　接続詞が(副詞のカタマリ)を作って文頭にあるくせに、
カンマ(,)が姿を隠している場合もあるんだ。
例文5を見てみよう！

> 例文-5
> When I was a child I wanted to be a painter.
> ▶子供だったとき、私は画家になりたかった。

この文みたいに、「**接続詞のカタマリはここまで！**」
と教えてくれる**カンマ**(,)が**文中に無い**場合もたまにあるんだよね。
でも、そんなイジワル(？)にも負けず、
私たちは「接続詞のカタマリはここまで！」と、
「文の切れ目」を正確に発見しなくちゃいけない。
そんなときは、次の超重要ルールを使って発見してみよう！

> ● POINT ●
> 「文の切れ目」の超重要ルール
> ①接続詞の付いていない文(主節)の**前**には文の切れ目がある。
> ②主節の S V の**前**にもってこれるのは**副詞**だけ。
> （副詞）S V ..... .

カンマが無くて困ったときには、
このルールを思い出して自分で文の切れ目を発見しよう！

さて、ではそろそろ忘れ去られた例文５の解説をしようかな。
例文５の動詞は **was** と **wanted** の２つで、
接続詞は **When** だよね。▼
I was の前に **When** があるので、
I was は（when S V）の S V だとわかる。
I wanted to ..... の前には接続詞が無いので、この文が主節だね。
主節の S V の**前**には文の切れ目があるというルールがあるから、
When のカタマリは **I wanted** の前までとわかるんだ。
　　（**When** I was a child）**I wanted** to be a painter.

これで接続詞〜副詞のカタマリ編〜に関してはバッチリだよね！
長文マニアになる日もそう遠くない！
バッチリ復習をしたら、CHECK 問題へ **Let's go!**

▼ 動詞でも、前に to が付いたら動詞じゃない！
動詞は前に to が付いたら動詞じゃなくなるピヨ。「to be」の be は前に to が付いているから動詞じゃないピヨ。動詞の前に to が付くと、**不定詞**というものになって、「①名詞のカタマリ／②形容詞のカタマリ／③副詞のカタマリ」の働きをするピヨ。

第2講 CHECK問題

> ●●● 第2講 まとめ ●●●
>
> ★時や条件を表す（副詞のカタマリ）の中→未来の文でも現在形
> ★カタマリが2つ以上のときは、前のカタマリから順番に訳せ！
> ★接続詞の付いていない文（主節）の前には文の切れ目がある！

■問1　空所に最も適する語句の番号を選びなさい。

☐ 1　(　　) she was poor, she was happy.
　　① Because　② Though　③ Since　④ As

☐ 2　Let's wait (　　) the next train comes.
　　① when　② as soon as　③ if　④ until

■問2　次の文の間違いを訂正しなさい。

☐ 3　I will go to the movies with him if he will come here next week.
　　▶もし来週彼がここに来たら、私は彼と映画に行くつもりだ。

■問3　次の英文を和訳しなさい。

☐ 4　Jim ran away as soon as he saw his father.

☐ 5　As my aunt loves dolls she buys a new one every month if she has some money.

★とってもやさしい★ 解答 & 解説

●●● ここがポイント！ ●●●

★空所に接続詞を入れる問題は、（カタマリの中の文）とカタマリの外の文（主節）との関係をシッカリと考えてから入れよう！

☐ **1** ☞ **②** ▶（貧しかった（けれども））、彼女は幸せだった。

★（副詞のカタマリ）の中は「彼女は貧しかった」というマイナスイメージの文だが、主節は「彼女は幸せだった」と、プラスイメージの文になっている。従って、「S は V する**けれども**」という逆のイメージの文をくっつける②が正解。

☐ **2** ☞ **④** ▶（次の電車がくる（まで））、待ちましょう。

★文法的には全部入るので、意味から答えを出す。「次の電車がくる**まで**（ずっと）待ちましょう」になれば意味が通るので、正解は④ until。

☐ **3** ☞ will come → comes

★**時や条件を表す（副詞のカタマリ）の中では未来の文でも現在形**にしなければならないので、will come を comes に直す。

☐ **4** ☞ ▶父親を見るとすぐに、ジムは逃げた。

★動詞が２つ（ran と saw）あるので、接続詞を探すと as soon as S V が発見できる。接続詞から文の切れ目まで副詞のカタマリを作り、カタマリから先に訳すとうまくいく。

☐ **5** ☞ ▶私のおばは人形が大好きなので、お金を持っていると、毎月１体新しい人形を買います。

★動詞が３つ（loves、buys、has）なので、接続詞は２つ（As、if）必要。主節の she buys の前には文の切れ目があるので、（As .....）のカタマリ①は she の前で終わる。（if .....）のカタマリ②はピリオドで終わる。副詞を先に、出てきた順に訳すので、「カタマリ①→カタマリ②→主節」の順で訳すとうまくいく。

第3講 接続詞 Part ②
～名詞のカタマリを作る接続詞～

英語は見た目が同じでも，
カタマリが変わると意味が変わる！
見た目が同じものほど
名詞・形容詞・副詞の区別を正確に！

今回の主役
［名詞のカタマリ］を作る接続詞
①［that S V］②［if S V］③［whether S V］

接続詞は，（副詞のカタマリ）を作るのが基本だけど，
3つだけ［名詞のカタマリ］も作るやつがいるんだ。
それを最初に覚えてもらってから例文を見ていこう！

POINT

［名詞のカタマリ］も作る接続詞

① ［**that** S V］　　：S が V するということ
② ［**if** S V］　　　：S が V するかどうか（ということ）
③ ［**whether** S V］：S が V するかどうか（ということ）

《参考》（副詞のカタマリ）▼
① （that S V）　　　：S が V するなんて（判断の根拠）など
② （if S V）　　　　：もしも S が V するならば
③ （whether S V or not）：S が V しようとしまいと

▼カタマリが変われば意味も変わる
　英語はカタマリが変わると意味も変わるので，カタマリごとの意味をシッカリ覚えておくモフ！　特に今回の that ／ if ／ whether は，（副詞のカタマリ）も作るけど，［名詞のカタマリ］も作ることができる，という接続詞なので注意モフ！

that S V

ではさっそく例文1から見ていこう！

例文-1

That Bean studies English now is a good idea.
▶ ビーンが今英語を勉強するというのはいい考えだ。

この文にある動詞は **studies** と **is** だよね。
英文をザッと見ると、文頭の**接続詞 That** が、
is の前まで[名詞のカタマリ]を作っているのがわかるかな!?

　　[That Bean studies English now] is a good idea.

え？　何で[名詞のカタマリ]ってわかったかって!?
……それは、**is** の前には主語が欲しいのに、
今回は**主語になる名詞が無い**からなんだ。
is の前にある名詞 **English** は主語ではない。
「**study 〜**」で「〜を勉強する」なので、
English は **studies** の目的語になっているからね。
そして、**studies** の前の **Bean** は **studies** の主語。
動詞 **is** の前にも主語が欲しい！　欲しいったら欲しいっ！

では、何が **is** の主語になっているかというと、
接続詞 That が[名詞のカタマリ]を作って、
[主語のカタマリ]になっているというわけなんだよ！▼

……これは難関大の英文を読む上でも超重要なことなので、
絶対に甘く見ないで 1000％理解してマスターしておくようにね。

▼ **主語(S)になれるのは名詞だけ！**

　第1講（P.20）でやったように、主語になれるのは名詞だけだったよね。このへんがあやふやになっている人は、今のうちに復習しておかなきゃダメよ！

さて、ここまでわかれば、
「［ビーンが今英語を勉強するということ］は、いい考えだ。」
という意味が正確に伝わってきたよね。
このとき、訳す場合は訳し方にも注意！
「〜ということは」では日本語としてカタイと思ったら、
意味が変わらない程度に、
「〜というのは」のように訳してあげてもいいからね。

ちなみに、**that** などの［名詞のカタマリ］を作る接続詞は基本的に、
ピリオドや2つ目の動詞の前でカタマリが終わるからね！▼
だから例文1は、2つ目の動詞 **is** の前で **That** のカタマリが終わっているんだよ。

　　［**That** Bean studies English now］ **is** a good idea.

では、例文2に入る前に、長文読解に欠かせない必須文法、
その名も「形式主語」をマスターしておこう！

> ● POINT
> **形式主語：主語が［名詞のカタマリ］の場合**
> 　主語の位置に **it**（形式主語）を置く
> 　→［名詞のカタマリ］を文末へもっていく

つまり、例文1だと、こうなるわけでございますな。
　　［**That** Bean studies English now］ is a good idea.
　　＝ **It** is a good idea ［**that** Bean studies English now］.
のようにすることもできるんだ。
It の後ろに［**that** S V］のような

▼ **1つの文に動詞は1つ！**
1つの文やカタマリの中には、動詞は1つしか入れられないヒョ。だから、2つ目の動詞の前でカタマリが終わるとわかるヒョ。

V を含む［名詞のカタマリ］を発見したときは、
「ほら！　その［名詞のカタマリ］が本当の主語っす！　俺じゃないっす！」と教えてくれる目印なんだ。
長文では、形式主語は一人暮らしのカレー以上の頻度で出現するので、
it を見たら、文の後ろの方に［that S V］などがないかどうか探す
というクセをつけておこう！
では、次に進んでいこう。
[**that** S V］が［**名詞のカタマリ**］を作るということは、
主語の他に、**補語（C）**や**目的語（O）**にもなれるってことだよね。
今度はそれを確認していこう！
では、例文2を見て！

例文 -2

My suggestion is that we should take part in the game.

▶私の提案は、私たちがその試合に参加すべきだということだ。

この文では、接続詞 **that** のカタマリが**補語（C）**になっているよね。
is は be動詞なので、**イコール関係（S ＝ C）を作る**のがポイントだよね。
　　　My suggestion ＝ [**that** we should take part in the game]
このように、**that は名詞のカタマリなので、**
C のカタマリになることもできるということをお忘れなくね。

どう？　そろそろ英文の作り方がわかってきたんじゃない？
もう少しっぽい？
……よし。じゃあ、次の目的語 (**O**) の例文で理解を深めていこう！
例文3を見て！

例文 -3

I think that Rose is my best friend.

▶ローズは私の親友であると（いうことを）私は思う。

第3講　接続詞

この文では、**that** のカタマリが、
他動詞 think の目的語（O）になっていることに気づいたかな。
もし、「**I think.**」で文が終わったら、
「どんなことを思うのか」が気になって夜しか眠れなくなるでしょ!?
「早く言っちゃいなよ。言ったら楽になるよ……俺が。」
みたいな雰囲気になっちゃうでしょ!?

こんな風に、ツッコミを入れたくなる不完全な文（**O** が必要な文）では、
他動詞の後ろに目的語（**O**）を置かなくちゃいけない。
ここでは、that のカタマリが
その役目を果たしていることに注目しておこう！▼

  I think［**that** Rose is my best friend］.
このように、**that** は［名詞のカタマリ］を作るので、
［**O** のカタマリ］になることもできるということですな。
  名詞＝**S・C・O** になることができる
 ［**that S V**］＝［名詞のカタマリ］
 ［**that S V**］＝**S・C・O** になることができる
OK？
では、最後に重大なルールを覚えてもらって、**that** を終わろう！

● POINT ●
接続詞 that の省略

★接続詞の **that** は、補語（**C**）や目的語（**O**）のカタマリの
ときは省略できる！
※主語（**S**）のカタマリのときは省略できない！

▼ 最初はカタマリで読めるようになろう！
 英文は同じ「見た目」でも「何のカタマリなのか」で意味が
全然違ってくるの（P.52 の **if S V** でやるわよ）。つまり、何の
品詞のカタマリなのかを押さえながら読めるように訓練する必
要があるのよ。

つまり、
例文2　My suggestion is, we should take part in the game.
例文3　I think Rose is my best friend.
のように、**that** を省略することができるんだ。▼
基本的に省略できるのは「接続詞の **that**」と
「関係代名詞の目的格（P.66）」なので、
省略されていたら **that** の可能性を疑うようにね！

今、「な〜んだ。そんなことか。」と甘く見た人は要注意！
難関大の長文はいくつも文がつながり、
複雑な文構造をしている部分もあるんだ。
しかも、**that** はほぼ100％省略されている。
that の省略は万が一にも見抜けないことがあってはダメなんだ。
だから、簡単な文で、基本を徹底的に体にすり込んでおいてね。

では、どうやったら省略されているのかがわかるのか？
もうみんななら大丈夫なはずだよ？
まず動詞の数を数えて、
動詞が2つあるのに接続詞がなかったり、
動詞が3つあるのに接続詞が1つしかなかったら、
接続詞 **that** が「省略されているかも！」ってわかるよね！

▼ **that** 省略の印としてのカンマ
　that が C のカタマリのとき、口語では **that** を省略することがあるのよ。そのとき、「省略した印」としてカンマ（,）を付けるのよね。

if S V

> 例文 -4
> I will ask her if she will go on a picnic next week.
> ▶私は彼女に来週ピクニックへ行くのかどうかをたずねるつもりだ。

この文では、[if S V]＝[名詞のカタマリ]になっていて、
　　□ **ask** ＋ 人 ＋ 事柄 ： 人 に 事柄 をたずねる
の 事柄 のカタマリを作っているのがわかるよね。　　覚える
つまり、「S V ～に ～を」の「～を」という**目的語(O)になっている**んだ。
　　I will ask her [if she will go on a picnic next week].
この例文のように、[名詞のカタマリ]として if が使われたときは、
次のような意味になるんだ。
　　□ [**if** S V]＝[S が V するかどうか（ということ）]

（副詞のカタマリ）と見た目は同じでも、
[名詞のカタマリ]は意味が違うので、
使われている位置（修飾語の位置 or 名詞の位置）で
正確に区別するようにね。

さらに、違うのは意味だけじゃない点にも注意！

例文4では、[**if** S V]のカタマリの中の **V** が、
will go という未来の形になっている点に注目！　注目!!　注目!!!
P.38 でやったように、**if** が（副詞のカタマリ）のときは、
カタマリの中は「未来の文→現在形」だったよね。
　例 (**If it rains tomorrow**), I will stay home.
　　▶（もし明日雨ならば）、私は家にいるつもりだ。

でも、**if** が［名詞のカタマリ］のときはそのルールは関係ないんだ。
つまり、ふつうに「未来の文→未来の形」で OK！
これは、難関大の誤文訂正問題（＝間違いさがし問題）でも頻出なので、
しっかりと覚えておきましょう！

それにしても、同じ見た目なのに性質（意味・文法事項）が違うなんて、
授業中の俺と、授業をしていないときの俺みたいだね。
・授業中　　　　　＝意味が分からないくらい元気
・授業中じゃない　＝金魚が友達
……でも同じ見た目。

さあ、これ以上語ると涙が出そうなので、これで **if** はおしまい！
あ。そうそう！　大事なことを話しておかないと。
基本的に、［名詞のカタマリ］の **if** は
［O のカタマリ］しか作らないんだ。▼
これが、次にマスターする［**whether S V**］との大きな違いだからね。
では、次の接続詞 **whether** へ進んでいこうか。

whether S V

例文 -5

Whether I can help you with the business is a difficult question.

▶ 私があなたの商売を手伝えるかどうかは難しい問題だ。

まず最初に重要なこと、つまり「**whether S V**」が、
［**名詞**のカタマリ］なのか、
（**副詞**のカタマリ）なのかを見分けよう！

▼ **if は主語のカタマリとして使う場合もある**

　if は**目的語**のカタマリしか作らないけど、形式主語ならば、
「**主語のカタマリ**」としても使うことができるモフ。
　例：It is doubtful ［if the story is true］.
　　　（［その話が本当かどうか］は、疑わしい。）

53

is の前に **is** の主語があれば、（副詞のカタマリ）だとわかるし、
主語が無ければ、**whether S V** が主語（**S**）、
つまり［名詞のカタマリ］になるとわかるよね。▼

is の前の **you** と **the business** は、
　□ **help** 人 **with** 事柄 ： 人 の 事柄 を手伝う
の 人 と 事柄 なので、主語じゃないね。（覚える）
その前の **I** は **can help** の主語……ということは、
is の主語が無いので、
　□ **Whether S V** が主語のカタマリになっているとわかるよね。
　[**Whether** I can help you with the business] is a difficult
　question.
［**whether S V**］＝［名詞のカタマリ］は、
「**S** が **V** するかどうか（ということ）」という意味になるのが基本。
そして、もちろん主語は［名詞のカタマリ］なので、
形式主語（→ P.48）を使って次のように書くこともできるからね！
　It is a difficult question ［**whether** I can help you with the business］.

it があったら、後ろに［名詞のカタマリ］があるかどうかを
必ず確認するキャンペーンをお忘れなく！
では、次は［**whether S V**］が補語（**C**）になる例を見てみよう！
例文6を見て。

例文-6

The problem is whether Bean can answer the question.

▶問題はビーンがその質問に答えられるかどうかだ。

この文は、**is** がイコール関係（**S = C**）を作り、
［**whether S V**］が補語（**C**）、つまり［名詞のカタマリ］になっているね。

　▼接続詞の that、if、whether
　　接続詞 that、if、whether は、［名詞のカタマリ］と（副詞のカタマリ）で意味が変わるので、これらを見たら、毎回どちらのカタマリかをチェックするべきなのサ！

The problem ＝ [whether Bean can answer the question]

考え方がさっきの［**that S V**］と同じなので楽勝だよね！

> 例文-7
> You have to decide whether you study English or not.
> ▶あなたは英語を勉強するかどうかを決めなければならない。

ここでは、［**whether S V**］が、
他動詞 **decide** の目的語（**O**）になっているのがわかるよね！▼
　　You have to decide［**whether** you study English **or not**］．

whether S V は **or not** を付けて使うことも多いんだ。
　　□ **whether　S V ..... or not**　　←基本
　　　＝ **whether or not　S V .....**　　← **S V .....** が長いとき

さあ、これで［名詞のカタマリ］を作る接続詞は一通り終了！
……なんだけど、せっかくなので、
whether S V の（副詞のカタマリ）の例も見ておこうよ！

　　例 **Whether** you study English or not, **it is** none of my business.
　　　▶ 君が英語を勉強しようとしまいと、私の知ったことではない。

この文は、**it is** という主節の **S V** の前にあるので、
Whether が（副詞のカタマリ）を作っているとわかるよね。
　　（**Whether** you study English **or not**），**it is none of my business.**
ちなみに、次の表現は会話表現なので覚えておいてね。

▼ 目的語になっている **whether** と **if**
　　目的語 **O** のカタマリになっている **whether** と **if** は同じ意味なので、例文7は **if** を使って、
　　You have to decide［**if** you study English］．
　　と書くこともできるのよ。

□ **It is none of one's business.**
：人（**one's**）の知ったことではない。

※ **one's** = **I-my-me-mine** などの2番目に出てくる代名詞（**my**）や **Bean's** のような「名前 **'s**」という形のこと（←所有格と呼ぶ）

that を使った重要表現

ついにこの講も最後ですか!?
もっと話したいことが山の如しなんですけど、
編集担当のYさん、ページを何とかできませんか!?

……そうですか、できませんか。
というわけで、応用の話はまた別の機会にしましょう。
そうは言っても、応用につながる基本は完璧に押さえたからね。
授業の目標は十分すぎるほどに達成できたので、安心してよね！

よし。では、そういうわけで、この講も最後！
最後にふさわしい、難関大を含めたどんな大学でも頻出の
接続詞 that を使った重要表現をマスターしておこう！

これらの表現は、長文のみならず
整序英作文などにも出てくることがあるので、
形でシッカリ覚えておこう！▼

▼ that を使った重要表現＝（副詞のカタマリ）
　that を使った重要表現は、カタマリでいうなら（副詞のカタマリ）なんでしゅ。so と that が離れているときと、くっついているときで意味が変わるので、要注意でしゅよ！

> **POINT**
>
> ### 接続詞 that を使った重要表現
>
> ① **so** 形容詞[副詞] **that** S V ： 非常に 形容詞[副詞] なので、
> 　　　　　　　　　　　　　　　　　S は V する
>
> ② **such** 名詞 **that** S V 　　： 非常に 名詞 なので、
> 　　　　　　　　　　　　　　　　　S は V する
>
> ③ ....., **so (that)** S V 　　　 ： ..... なので、(その結果)
> 　　　　　　　　　　　　　　　　　S は V する　　　【結果】
>
> ④ **so (that)** S 助動詞 V原 ： S が V するために[ように]
> 　　　　　　　　　　　　　　　　　　　　　　　　　　【目的】
>
> ⑤ **in order that** S **may** V原 ： S が V するために 【目的】

①の例　**Eiko is so kind that everybody likes her.**
　　　▶英子は非常に親切なので、みんな彼女が好きだ。

②の例　**Eiko is such a kind girl that everyone likes her.**
　　　▶英子は非常に親切な女の子なので、みんな彼女が好きだ。

③の例　**Bean studied hard, so (that) he could pass the exam.**
　　　▶ビーンは一生懸命に勉強したので、試験に合格できた。

④の例　**Bean studied hard so (that) he could pass the exam.**
　　　▶試験に合格できるように、ビーンは一生懸命に勉強した。

⑤の例（④と言いかえ可能）
　　　Ishida works hard in order that he may support his family.
　　　▶家族を養うために、石田は懸命に働く。

長文では様々な修飾語が挿入されて、①の「**so** と **that**」や、
②の「**such** と **that**」などが異常に離れている場合もあるんだ。
どんなに離れていても瞬時に反応できるように、
何度も音読して形を体にたたき込んでね！
では、CHECK 問題で最後を締めくくろう！

……？　……えっ？　ページが増えないかって言うから、
2ページ増やしてくださった !?（←印刷直前に本当に増えた）
おおぉ、聞いたかみんなっ！　やっぱり何でも言ってみるもんだね！
編集担当の Y さんに感謝しながら、あと少しだけ授業を進めよう。

この講の最後にお伝えしたいのは、「なぜ接続詞で2つの文をつなぐのか」を、考えながら文を読んでいってほしいということ。
言いかえると、「2文の関係」を考える習慣をつけてほしいんだ。

2文の関係を考える

接続詞というのは、別々に存在している文を
わざわざつなぐ働きをしているわけだよね。
では、**なぜつなぐのか？**
……それは、その2文には特別なつながりがあるからなんだ。▼
例えば、P.57 の①の例ならこんな感じね。

☐ **Eiko is so kind that everybody likes her.**

【原因】**Eiko is so kind**（英子は非常に親切だ）
　　↓だから
【結果】**that everybody likes her**（みんな彼女が好きだ）

▼ 副詞のカタマリを作る接続詞に注目！
　特に重要なつながりを持つのは、主に副詞のカタマリを作る接続詞なの。読解に欠かせない「考える力」もつくので、しっかり考えてみてね！

ほほう、この2文には「原因［理由］と結果」の関係があるね。
このように、2文の関係を意識する習慣をつければ、
内容一致問題の「原因［理由］・結果」を入れかえた選択肢に
惑わされることもなくなるし、読解力が大幅アップするからね。
このような2文の関係を押さえるのは、実はそんなに難しくない！
実際に自分でやってみよう！
では、あと少しだけ一緒に見ていこう！

□ **As I was so tired, I went to bed early yesterday.**（P.33）

【原因】**As I was so tired**（私はとても疲れていたので）
【結果】**I went to bed early yesterday**（昨日は早めに寝た）

□ **If you want a camera, I will buy one for you because I have not given you a birthday present yet.**（P.39）

【条件】**If you want a camera**（カメラが欲しいなら）
【結果】**I will buy one for you**（私があなたに買ってあげよう）
【原因】**because I have not given you a birthday present yet**
　　　　（まだあなたに誕生日プレゼントをあげていないので）

これは細かく教わるよりも、**自分で考えた方が力がつくんだよ！**
最初は、超頻出の「原因［理由］・結果」の関係だけでもいいので、
しっかり考えながら読んでみてね！

では、今度こそ、CHECK問題で最後を締めくくろう！

第3講 CHECK問題

> ●●● 第3講 まとめ ●●●
>
> ★名詞のカタマリも作る接続詞は
>   ① [that S V]、② [if S V]、③ [whether S V] の3つ
> ★[that S V] は、基本的にピリオドや2つ目の動詞の前でカタマリが終わる

■問1　空所に最も適する語句の番号を選びなさい。

☐ 1 (　　) my son will be an actor is my dream.
　　① As　　② When　　③ That　　④ While

☐ 2 My sister is (　　) a good tennis player that she will win the game.
　　① so　　② as　　③ that　　④ such

■問2　次の文のthatが省略できる場合は①できない場合は②を選べ。

☐ 3 I know that you broke the window two weeks ago.

■問3　次の英文を和訳しなさい。

☐ 4 I thought he told a lie when he told me about the accident.

☐ 5 Whether it snows tomorrow or not, I think he will attend the party.

★とってもやさしい★ 解答 & 解説

●●● ここがポイント！ ●●●

★接続詞の問題を考えるときは、接続詞が作るカタマリが（副詞のカタマリ）なのか、[名詞のカタマリ]なのかを見極めてから解くこと！

第3講 接続詞

☐ **1** ☞ ③ ▶ [自分の息子が俳優になること] が、私の夢だ。

★ is の前には、is の主語となる名詞が無いので、空所には名詞[主語]のカタマリを作る接続詞が入る。従って③が正解。

☐ **2** ☞ ④ ▶ 私の妹は非常にテニスがうまいので、その試合に勝つでしょう。

★空所と that の間に player という名詞が入っているので、「such 名詞 that S V」の形をとる。よって④が正解。空所と that の間に名詞がなく、形容詞や副詞が入っている場合は「so 形容詞[副詞] that S V」の形。

☐ **3** ☞ ① ▶ 私はあなたが２週間前にその窓を割ったことを知っている。

★他動詞 know の**目的語のカタマリ**になっている [that S V] なので、省略できる。

☐ **4** ☞ I thought [he told a lie]（when he told me about the accident）.

▶（彼が事故について話したとき）、[彼はうそをついている] と私は思った。

★動詞が３つ（thought、told、told）なので、接続詞は２つ必要。ところが、when しか書いてないので、that が省略されているとわかる。I thought と he told の間に接続詞が無いと文をつなげられないので、thought の後ろに that が省略されている。

☐ **5** ☞（Whether it snows tomorrow or not）, I think [he will attend the party］.

▶（明日雪が降ろうが降るまいが）、[彼はパーティーに出席する] と私は思う。

★４番の問題と同じように考えると、that が省略されているのがわかる。今回は whether が副詞のカタマリを作っている点に注意。

61

第4講 接続詞 Part ③
〜形容詞のカタマリを作る接続詞〜

「that SV」は、名詞・形容詞・副詞の全てのカタマリを作るスゴイヤツなんだ。この3つの違いが見抜けるようになって、正確に英文を読む力を身につけよう！

今回の主役
〈形容詞のカタマリ〉を作る接続詞
① 関係代名詞　② 関係副詞

この講では、〈形容詞のカタマリ〉を作る接続詞、
関係代名詞と関係副詞の基本をマスターするよ！
基本なくして応用はありえないからね。
では、最初は関係代名詞にはどんな種類があるのかから見ていこう！

● 関係代名詞の種類

先行詞	主格	所有格	目的格
人	who	whose	who(m)
人以外	which	whose	which
人・人以外	that	なし	that

関係代名詞とは、「接続詞＋代名詞」の働きをして、
前にある 名詞 を説明する〈形容詞のカタマリ〉を作る接続詞なんだ。
関係代名詞が作るカタマリの中は、
必ず代名詞が抜けた形（不完全文）になる
というところが重要なポイントだからね！▼

▼ 抜けた代名詞＝先行詞の代名詞

関係代名詞の後ろで抜けている代名詞は、先行詞を指す代名詞なのよ。例文1なら、that の後ろは the boy を指す he が抜けているの。関係代名詞は、接続詞と代名詞の働きなので、必ず代名詞が抜けるっていうポイントに注意してね。

関係代名詞なのか、他のカタマリを作る接続詞なのかを迷ったら、
カタマリの中を見て、代名詞が抜けているかどうかをチェックだよ！
まずは、一番基本の「主格」から、さっそく見ていこう！

関係代名詞 〜主格〜

**カタマリの中を見て、主語が抜けている場合は、
主格**と呼ばれる関係代名詞を使うんだ。
「おっ!?　この文は主語が抜けているから主格の関係代名詞だな！」
とわかったら、先行詞が 人 なら who を使い、
人以外 なら which を使って文をつなぐんだよ。▼

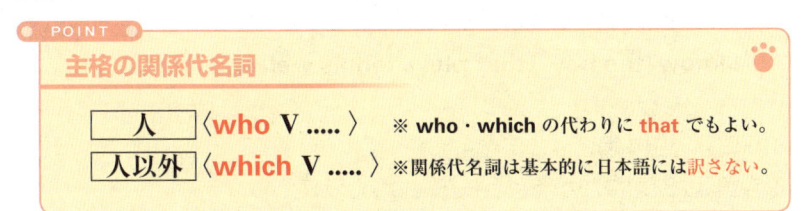

POINT
主格の関係代名詞

| 人 | 〈who V .....〉 | ※ who・which の代わりに that でもよい。 |
| 人以外 | 〈which V .....〉 | ※関係代名詞は基本的に日本語には訳さない。 |

つまり、**先行詞が 人 か 人以外 かで、
who か which かを使い分ける**んだけど、
どちらの先行詞でも使える that という便利なやつもいるからね。
前の講でやった that との区別をマスターするために、
that が使える例文は that を使っておくからね。
ビシッと区別ができるようにしていこうか！
じゃあ、例文1を見ていこう！

▼ **先行詞とは？**
関係代名詞や関係副詞が作る〈形容詞のカタマリ〉に説明される名詞には「先行詞」というおちゃめな名前が付いているんだヒョ。
例：I have a friend 〈who runs fast〉. ※先行詞＝ a friend
　　（私には、速く走る友達がいる。）

> 例文-1
> **I** know the boy that plays tennis well.
> ▶私はテニスを上手にする男の子を知っている。

動詞の数をチェックしてみると、
that が接続詞の働きをしているのがわかるよね。
でも、**that** の作るカタマリを見てみると……
ん？　何かが足りないよ⁉
ビーフカレーに牛肉が入っていないときと同じ違和感がっ！
そうだ！　主語がない‼　主語がないよ‼!
ということは、この **that** は **the boy** に説明を加える関係代名詞、
つまり〈形容詞のカタマリ〉だ！

　　I know |the boy|〈that plays tennis well〉.

　　　　　　　　　　※〈　〉は形容詞のカタマリという意味！

和訳問題で訳す場合は、
形容詞は|名詞|にかかるように訳せばいいので、
「私は〈**テニスを上手にする**〉|**男の子**|を知っている。」
のように、〈カタマリ〉を|名詞[先行詞]|に
かけるようにすればうまく訳せるからね。

文法問題を解いたり、長文を読んだりするときに重要なのは、
（副詞のカタマリ）や［名詞のカタマリ］を作る接続詞と
〈形容詞のカタマリ〉を作る関係代名詞とを区別することなんだ。

例文1は、**that のカタマリの中に主語が無い**ということを、
もう一度確認しておこう！

関係代名詞 〜所有格〜

POINT

所有格の関係代名詞

人・人以外 〈whose 名詞 ……〉 ※ whose の代わりに that は使えない。

所有格の関係代名詞は、
先行詞が「人」でも「人以外」でも whose を使うからね！
例文2を見てみよう！

例文-2

I know the woman whose husband is a scientist.

▶私は、夫が科学者である女性を知っている。

この文の動詞は **know** と **is** ね。
そして、**whose** が2つの文をつないでいるのがわかるよね。
whose が作るカタマリ〈whose husband is a scientist〉を見ると、
husband には、**her** husband のように、
ふつうは所有格の代名詞などが付くはずなのに抜けているんだ。
ということで、**whose** は関係代名詞だとわかるよね。
そこで、〈 〉でくくって形容詞のカタマリを作ってみると、

I know the woman 〈whose husband is a scientist〉.

となるので、和訳問題ではこんな訳になればいいよね。
「私は、〈**夫が科学者である**〉女性 を知っている。」
という意味になるよね！
さあ、この調子で今度は目的格にいってみよう！
ちなみに、所有格の関係代名詞 **whose** には「の」と訳すと

第4講 接続詞

先行詞と whose 直後の名詞がつながるという特徴があるんだ。

the woman whose husband
　　女性　　の　　夫　　（女性の夫）

これは whose にしか見られない現象なので、
文法問題を解くときのヒントに使ってね！

関係代名詞　〜目的格〜

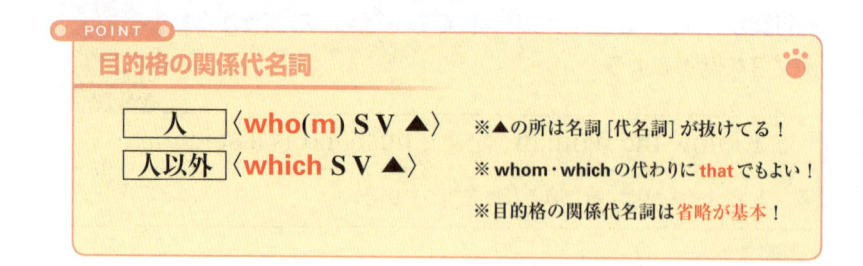

● POINT
目的格の関係代名詞

人　〈who(m) S V ▲〉　　※▲の所は名詞[代名詞]が抜けてる！
人以外　〈which S V ▲〉　　※ whom・which の代わりに that でもよい！
　　　　　　　　　　　　　※目的格の関係代名詞は省略が基本！

例文 -3

The dog that I saw in the park was sleeping under the tree.

▶ 私が公園で見た犬は、木の下で眠っていた。

ふむふむ、この文も **that** が２つの文をつないでいるようですな。
カタマリは、**文の切れ目（カンマ・ピリオド・２つ目の動詞の前）**まで
なので、**was** の前までの、
that I saw in the park がカタマリになるよね。
カタマリの中をよく見ると、
他動詞 **saw**（〜を見た）の後ろにあるはずの、
目的語(O)が抜けている!! ▼
ということで、この **that** は関係代名詞と判明しました先輩！
関係代名詞は、〈形容詞のカタマリ〉を作るので、

▼ 目的格の whom と who(?)
　現代英語では、**whom** でも **who** でもいいんでしゅ。でも、関係代名詞の目的格は、実際の会話や長文の中では省略してしまうことが多いんでしゅよ。

The dog 〈that I saw in the park〉 was sleeping under the tree.
という英文構造になるね。
この形容詞のカタマリを、先行詞にかけるように訳してあげると、
「〈**私が公園で見た**〉 犬 は、木の下で眠っていた。」
のように、〈形容詞のカタマリ〉を 先行詞 にかけるように訳せばいいね。

そして、**目的格**の関係代名詞は**省略**が基本なので、
　　The dog I saw in the park was sleeping under the tree.
のように、長文では省略されていることが多いので注意！
でも、**動詞の数さえチェックすれば、**
接続詞の省略はすぐにわかる！
ここまでやってきたあなたなら、
省略されていてもバッチリ読める!!!
よし！　では、自信もついてきたところで、重要事項を確認しておこう。
文法問題を解くときに、先行詞 だけを見て
who とか **which** を区別することはもうないよね！

接続詞は別な文をつないでカタマリを作る働きをする。
ここでは、〈**who V .....**〉〈**which V .....**〉というカタマリになる。
なのに、カタマリの中に入る接続詞を決めるのに、
カタマリの外にある 先行詞 だけで決めるのはおかしな話だからね。

例えるなら、手をつないだ恋人同士が、
片方だけの意見で食事を決めるようなもんでしょ!?
それはイカン。話し合おうよ。
「何でもいいよ」なんて言う人に限って、
何でもよくないことが多いんだから本当にまったく……。
って、何の話だよ！！！

第4講　接続詞

私が言いたいのは、
先に見るのは先行詞ではなく、**カタマリの中**だということ！

手順① カタマリの中で代名詞が抜けていないかをチェック！
手順② 抜けていたら、次に先行詞を見て関係代名詞を決める！
　　　（主格・所有格・目的格を区別）

この手順で解けば、他の接続詞との区別もバッチリだからね！

前置詞＋関係代名詞　〜目的格の関係代名詞〜

目的格の関係代名詞は、
例文3のように他動詞の O が抜けている以外にも、
前置詞の後ろの名詞（＝前置詞の O と呼ぶ▼）
が抜けているパターンもあるんだ。
今度はそれをマスターしてみよう！

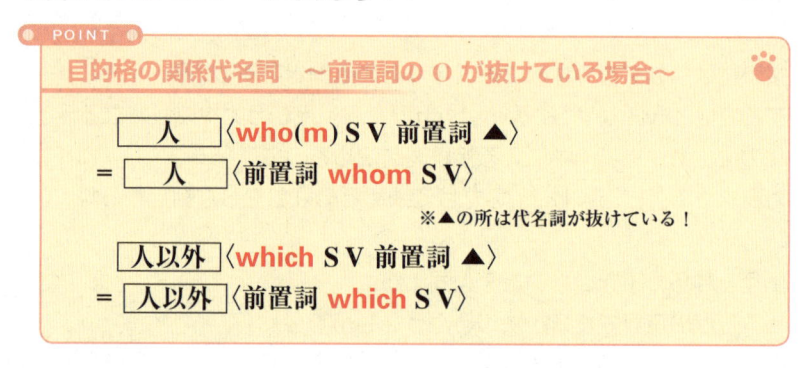

POINT

目的格の関係代名詞　〜前置詞の O が抜けている場合〜

　　　人　〈who(m) S V 前置詞 ▲〉
＝　　人　〈前置詞 whom S V〉

※▲の所は代名詞が抜けている！

　　人以外　〈which S V 前置詞 ▲〉
＝　人以外　〈前置詞 which S V〉

では、例文4を見てみよう！

▼「前置詞の O」とは？
　第1講（P.26）でやったように、前置詞の後ろには名詞が必要なんだモフ。これを前置詞の目的語（O）というんだモフ。

> 例文-4
>
> ① Tell me the reason that Chabi didn't come for.
> ② Tell me the reason for which Chabi didn't come.
>
> ▶チャビが来なかった理由を私に教えてくれ。

①の文は、**that** が **for** までカタマリを作っているのがわかるよね。

　　Tell me the reason 〈that Chabi didn't come for ▲〉.

〈カタマリ〉の中をよく見ると、前置詞 **for** の後に名詞（＝前置詞の **O**）が無い！
この **that** は間違いない、関係代名詞だ！

このように、前置詞の **O** が抜けているときは、②の文のように、前置詞を関係代名詞の前に置くこともできるんだ！▼

　　Tell me the reason 〈for which Chabi didn't come〉.

前置詞が関係代名詞の前に移動してきたときは、
　　①「前置詞＋関係代名詞」の関係代名詞は**省略できない**！
　　②「前置詞＋関係代名詞」の関係代名詞は **that** が**使えない**！
という、２つの重要なルールが加わるので忘れないように！
そして、さらに追加すると、
「**look for ～**（～を探す）」のような熟語は
移動不可なので、英作文などでは注意してね。
　　○ I have a notebook 〈which he is looking for〉.
　　× I have a notebook 〈for which he is looking〉.
さあ、これで関係代名詞は一通り終わったね！
次は、関係副詞を一気に片づけちゃおう！

補足

▼「前置詞＋関係代名詞」の後ろは完全な文！

「前置詞＋関係代名詞」の後ろは、何も名詞が抜けていない完全な文になっていることを確認してね。②の文の「for which Chabi didn't come」も、「Chabi didn't come」の後に先行詞 the reason を入れようとしても入らないわよね。

第4講 接続詞

関係副詞

関係副詞も関係代名詞と同じように、
〈形容詞のカタマリ〉を作って 名詞 の後ろにくっつくんだ。
そして、その 名詞[先行詞] を説明するのが基本的な働きなんだよ。

例 That is the village where he lived ten years ago.
　　　　　　　　　　　　↑説明　　　形容詞のカタマリ

▶ あれが、彼が10年前に住んでいた村だ。

関係副詞は、名詞[先行詞] が
「場所」「時」「理由」「方法」などの場合、
それぞれ **where**、**when**、**why**、**how** を使って
名詞 に説明を加える〈カタマリ〉を作ることができるんだ。▼

POINT

4つの関係副詞

① 場所 〈where S V ….. (完全文)〉
② 時 〈when S V ….. (完全文)〉
③ the reason 〈why S V ….. (完全文)〉
　= the reason 〈S V ….. (完全文)〉
　= [why S V ….. (完全文)] ←見た目は[名詞のカタマリ]
④ the way 〈S V ….. (完全文)〉
　= [how S V ….. (完全文)] ←見た目は[名詞のカタマリ]

※[why S V]と[how S V]は 先行詞 を含んだ形と考え、自分が 名詞 っぽくなっちゃったと考えよう！

注意 ▶ 代名詞 が抜けている文（不完全文）の判別法！

先行詞を〈カタマリ〉の中に入れると、入る場所がある文。
the book 〈I bought yesterday〉
→ I bought the book yesterday

関係代名詞の後ろは必ず代名詞が抜けていたけど、
関係副詞の後ろは、代名詞が抜けていない文、
つまり「完全文」になることに注目しよう！▼
それでは、まずは①の **where** から見ていこう！

関係副詞 〜 where 〜

まずは例文5を見てみよう。

例文-5

That is the village where he lived ten years ago.

▶あれが、彼が10年前に住んでいた村だ。

この文では **where** が接続詞の働きをしているのがわかるよね。
さらに、**where** の前には、 場所 = the village もある。
こういう場合の **where** は、
〈形容詞のカタマリ〉を作る関係副詞になる！
そして、どのような the village なのかを説明しているんだよ。

That is the village 〈where he lived ten years ago〉.
説明　　　形容詞のカタマリ

関係代名詞と同じように、
where などの関係副詞自体は日本語に訳さないので、
〈形容詞のカタマリ〉を the village にかけるようにして、
「あれが、**〈彼が10年前に住んでいた〉村**だ。」
のように、和訳問題では訳せばいいよね。
関係副詞の後ろは、**代名詞が抜けていない完全文**だということを、
ビシッと確認よろしくお願いします！

▼ 代名詞 が抜けていない文（完全文）の判別法！
先行詞 を〈カタマリ〉の中に入れると, 前置詞が必要になる文。
the city 〈where I lived last year〉
→ where I lived in the city last year

関係副詞 〜 when 〜

例文-6

Today is the day when my daughter was born.
▶今日は、私の娘が生まれた日だ。

この文も、**when** が接続詞の働きをしてるね。
では、何のカタマリを作っているのかをチェックといきましょうか。
ほうほう。よく見ると、**when** の作るカタマリの前に
時 ＝ the day がありますな！　私の眼はだませないですぞ！
このように、時 when Ｓ Ｖ のような語順になっている場合は、
when は〈形容詞のカタマリ〉を作る関係副詞として働くんだ。▼

Today is the day 〈when my daughter was born〉.
　　　　　　↑説明　　　形容詞のカタマリ

ということで、和訳問題ではこう書けば文句なしだよね。
「今日は、〈私の娘が生まれた〉日だ。」

関係副詞 〜 why 〜

例文-7

Tell me the reason why he was late for school.
▶彼が学校に遅れた理由を私に教えてくれ。

おお！　この文でも **why** が接続詞の働きを！　ご苦労様です！
the reason などの 理由 を表す名詞の後ろの **why** Ｓ Ｖ は、
その 理由 を説明する〈形容詞のカタマリ〉を作るんだよ。

▼何のカタマリかは必ずチェックするピヨ！

英語はカタマリによって意味が変わるから要注意だピヨ！
① (when Ｓ Ｖ)　　：（副）Ｓ が Ｖ するとき　　≪接続詞≫
② [when Ｓ Ｖ]　　：（名）いつ Ｓ が Ｖ するのか　≪疑問詞≫
③ 時〈when Ｓ Ｖ〉：（形）Ｓ が Ｖ する→時　　　≪関係副詞≫

Tell me the reason ⟨why he was late for school⟩.
　　　　　　↑説明　　形容詞のカタマリ

ちなみに、**the reason** か **why** のどちらかを省略することができるので、長文では次のように書かれていることも多いので要注意だよ。

Tell me the reason ⟨he was late for school⟩.
Tell me ［why he was late for school］．←見た目は［名詞のカタマリ］

関係副詞 ～ how ～

では、例文８で最後の関係副詞、**how** をマスターしましょう！

例文-8

① This is the way I studied English.
② This is how I studied English.

▶このようにして、私は英語を勉強したのだ。

この関係副詞は使い方に注意です！
① **This is** the way ⟨I studied English⟩.
② **This is** ［how I studied English］．←見た目は［名詞のカタマリ］

このように、①か②の形で使う関係副詞で、
「**the way how S V**」のように**並べて使うことはできない**ので注意！
もう一回言うよ！　**並べて使うことはできないので注意！**

最後に、関係副詞の **why** と **how** はこのような表現も出てくるからね。
　□ **This is why S V …….**　：こういう理由で、S は V する。
　□ **This is how S V …….**　：このような方法で、S は V する。
さあ、では CHECK 問題で覚えた知識をしっかりと整理しよう！

左ページ脚注の例文だニャ！
① (When I was young), I didn't like fish.
　（私は若かったとき、魚が好きではなかった。）
② I don't know ［when she will come back］.
　（いつ彼女が戻るのか、私にはわからない。）

第4講 CHECK問題

第4講 まとめ

★関係代名詞も関係副詞も〈形容詞のカタマリ〉を作る！
★関係代名詞のカタマリの中は、**必ず代名詞が抜けている**！
★関係副詞のカタマリの中は、代名詞が**抜けていない完全文**！

■問1　空所に最も適する語句の番号を選びなさい。

☐ 1　Do you know the girl (　　) is standing at the gate?
　　① whom　　② which　　③ where　　④ who

☐ 2　This is the reason (　　) I didn't bring the book for.
　　① when　　② why　　③ which　　④ how

■問2　次の文の that が省略できる場合は①、できない場合は②を選べ。

☐ 3　Anyone <u>that</u> looks at the house must be surprised.

■問3　次の英文を和訳しなさい。

☐ 4　The girl that has blue eyes speaks Japanese.

☐ 5　The cat I saw in the park was eating the fish Jim had given to it yesterday.

★とってもやさしい★ 解答 & 解説

●●● ここがポイント！ ●●●

★英文を読むときは、動詞の数を最初にチェックし、接続詞がいくつ必要なのかを考える。
そうすれば、接続詞が省略されていてもカタマリが見えてくるぞ！

□ 1 ☞ ④ ▶あなたは、〈門の所に立っている〉女の子を知っていますか。

★ is の前に、is の主語となる名詞が無いので、空所には主格の関係代名詞が入る。先行詞が人なので、④が正解。

□ 2 ☞ ③ ▶これが、〈私がその本をもってこなかった〉理由だ。

★前置詞 for の後ろに名詞[代名詞]が無い。名詞[代名詞]が抜けているときは関係代名詞を使うので、③が正解。ひっかからないようにね！ ひっかからないようにね‼ ひっかからないようにね‼‼

□ 3 ☞ ② ▶〈その家を見る〉人は誰でも驚くに違いない。

★この文の that は、must be の前までカタマリを作っている。カタマリの中は looks at の主語が抜けているので、この that は**主格**の関係代名詞。従って、that は省略できない。

□ 4 ☞ The girl〈that has blue eyes〉speaks Japanese.

▶青い目をしたその女の子は、日本語を話す。

★カタマリは、「カンマ・ピリオド・2つ目の動詞の前」までなので、that が作るカタマリは speaks の前まで。カタマリの中は has の主語が抜けているので、that は関係代名詞。従って、先行詞にかけるように訳せばよい。

□ 5 ☞ The cat〈I saw in the park〉was eating the fish〈Jim had given to it yesterday〉.

▶私が公園で見たネコは、ジムが昨日そのネコにあげた魚を食べていた。

★動詞が saw、was eating、had given の3つなので、接続詞が2つ省略されている。I saw の後ろに saw の目的語が無いので、I の前に関係代名詞が省略。Jim had given の後ろも、give の目的語が抜けているので、Jim の前にも関係代名詞の目的格が省略されている。

75

第5講 接続詞 Part ④
～並べる接続詞～

ここでマスターするのは、
「並べるタイプの接続詞」だよ！
これが実はものすごく重要なんだ。
難関大突破には欠かせないからね！

今回の主役
並べる接続詞
= and, or, but + for, so

前回までにマスターした接続詞は
「カタマリを作るタイプの接続詞」だったけど、
接続詞の最後を飾るのは、
「並べるタイプの接続詞」だよ。▼

並べる接続詞～ and, or, but ～

「並べる接続詞」とはいったい何を並べるのか!?
……と思ったそこのあなた！　目の付け所がシブイっ！
まさにそこがこの授業の最大のポイントなんだ。
並べるタイプの接続詞は、以下のように、
後ろと**前**で「同じ形」を並べるんだ！
　　　　○ and ○　／　△ or △　／　□ but □
と言っても、いまいち意味不明だと思うので、
とりあえず次の例文1を見てみようか。

▼ 接続詞の種類

接続詞には次の2つの種類があるモフ。
①従位接続詞＝名詞・形容詞・副詞のカタマリを作る接続詞
②等位接続詞＝並べるタイプの接続詞（and／or／but）
これを覚えておくと、色々な授業で役に立つモフ。

例文-1

Rose closed the window and Ishida locked the door.
▶ローズが窓を閉じ、石田がドアに鍵をかけた。

よ〜く見ると、この文には並べる接続詞の **and** が入っているね。
この文のように、文中に「並べる接続詞」があるときは、
一番はじめに何と何を並べているのかをチェック
しなくちゃいけないんだ。
チェックは必ず **and** の後ろからするのがポイント！
後ろを見ると、

　　　Ishida locked the door

という完成した文（**S V O**）があるのがわかるよね。
つまり、今回の **and** が並べているのは、
「前の文と後ろの文」ですよと教えてくれているんだ。
並べられているものを｛ ｝で囲ってみると、

　　｛① **Rose closed the window**｝
　　　　　　 and
　　｛② **Ishida locked the door**｝.

という構造になっているのがわかるよね！

ここで和文問題でさりげなく重要なのが、「訳の順番」！
and などの並べる接続詞は、この文のように、
前が①、後ろが②のような順番を作るので、
必ず①→②の順番で訳す必要があるんだ。▼
このルールを守って訳せば、
｛①ローズが窓を閉じ｝、
（そして）｛②石田がドアに鍵をかけた｝。
のように、完璧に訳すことができるからね。

第5講 接続詞

▼ 並べる接続詞は①→②の順番で訳す

並べる接続詞は必ず①→②の順番で訳すピヨ。それは、出来事が起こった順番や、作者がみんなに伝えたい順番で書いてあることが多いからなんだピヨ。順番を逆に訳すと、出来事の順番が変わってわけがわかんなくなるピヨ。

77

ちなみに、**and** を「そして」と訳すとクドイときは、
例文１の訳のように省略しちゃおう！
いいかな？
……「それだけですか？」って、今思った!?
そんなわけないじゃない！
ここからだよ、本当に大切で、この接続詞のスゴイところは！

並べる接続詞は、「同じ形」を並べるってさっき言ったよね。
すると、**「同じ形だし、同じ語句は省略してもわかるでしょ!?」**
ということで、**並べる接続詞の前後では省略が起こる**んだ！▼

例 Ishida ｛① opened｝ and ｛② closed｝ the door.
▶石田はそのドアを開け閉めした。

このような文を長文ではよく見かけるよね。
実は、この文は省略が起こっているんだけど、
どこに何が省略されているかわかる？

並べる接続詞の前後では、
違う語句（opened と closed）は残り、
同じ語句（Ishida や the door）の片方は省略されるんだ。
省略は次のような感じで行われるからね。

- □ 接続詞の前　　　：違う語句より前が残る
- □ 接続詞の後　　　：違う語句より後が残る

つまり、元の文はこんな感じ。
※重複をわかりやすくするため代名詞を使っておりません。

注意　並べる接続詞による省略に注意
難関大の長文はこのタイプの省略が多く、翻訳業者でも誤読して訳を間違えることがあるのよ（本当）。
並べる接続詞が出てきたら、訳の順番と省略に注意よ！

{Ishida **opened** (the door)} **and** {(Ishida) **closed** the door}.
前が残る　　　── 違う語句 ──　　　後ろが残る

簡単に言うと、「Ishida { ① **opened** } and { ② **closed** } the door.」
の①と②の { } に含まれない **Ishida** と **the door** は、
①と②に共有されているということだね。
この省略が見抜けるかどうかは、ものすごく重要なので、
並べるタイプの接続詞が出てきたら、
何を並べているのか必ずチェックしよう！

よし、では重要な話も終わったところで、
あとはサクサクと例文を確認していこう！

例文 -2

Bean wanted to sell the car and buy another one.

▶ビーンはその車を売って、他の車を買いたがっていた。

この文は、**and** の後ろに **buy** という動詞がきてるよね！
ということは、**前の動詞の部分と並べている**ということだね。
よく見ると **buy** は過去形（**bought**）じゃないので、
wanted ではなく、**sell** と並べているとわかるんだ。
　　　Bean wanted to { ① **sell the car** }
　　　and { ② **buy another one** }.
こうすれば、**Bean** は、
最初に「その車を売ること」をしたがっていて、
売ったあとに、「車を買うこと」をしたがっていた
という物事の順番がズバッと読みとれるよね。

第5講　接続詞

79

では、そろそろ **or** を見てみよう！

例文-3

Do you swim in the sea or in the river?

▶あなたは海で泳ぎますか、それとも川で泳ぎますか。

さっそく **or** の後ろをチェックすると、
前置詞の作るカタマリ（**in the river**）があるね。
……ということは、並べているのは「同じ形」のものだから、
or の前にある（前置詞のカタマリ）だよね！

　　Do you swim ｛① in the sea｝ or ｛② in the river｝？

この文のように、
or も **and** と同じように後ろと前で同じ形を並べるんだよ。
……ということで、今度は **but** を見てみよう！

例文-4

Kuro is poor but happy.

▶クロは貧しいが、幸せだ。

---

but も並べる接続詞なので考え方は今までと同じ。
つまり、**poor** と **happy** という形容詞を並べているってわけですな。
　　Kuro is ｛① poor｝ but ｛② happy｝．
ここで1つ覚えておいてほしい **but** の重要事項登場！
　　□ **but** が並べたものは、イメージが逆になることが多い！
例文4もイメージが逆になっているという点をチェックしておこう。

「（マイナスイメージ）poor ← but → happy（プラスイメージ）」

じゃあ、今度は例文5に挑戦！

> **例文 -5**
>
> Piyo got up early, went to school and talked with her friends after school.
>
> ▶ピヨは早起きし、学校へ行き、放課後に友達とおしゃべりをした。

ちょっと長くて、ちょっと複雑な文に見えるね。
実はこれ、「同じ形」のものが3つ並んでいるんだ。
なかなかシブいよね。

and のような並べる接続詞は、
たくさん「同じ形」を並べることもできるんだよね、実は。
この例文では、**and** の後ろに動詞の過去形 **talked** があるので、
前にある動詞の過去形 **went** と並べているのがわかるよね。
でも、その **went** の前にカンマが付いて
「**, went**」になっているのに気づいた？
こんな風に、並べている部分の直前にカンマが付いているときは、
もう1つ並べているものがあるという目印なので注目っ！

Piyo ｛① **got up early**｝, ｛② **went to school**｝,
and ｛③ **talked with her friends after school**｝.

このように、並べるものが3つ以上ある場合は、
「① and ② and ③ and ④ and ⑤」という形ではなく、
「①, ②, ③, ④ and ⑤」のように、
最後だけ **and** にして、あとはカンマでくっつけるのが基本だからね！
超重要事項なので、絶対に忘れないように！

第5講 接続詞

よし、では次は「文と文」を並べて
特殊な関係を作る **for** と **so** へ突入といきましょうか！

並べる接続詞〜 for, so 〜

並べる接続詞には、**for** と **so** もあるんだけど、
この２つは「文と文」を並べることしかできないんだ。
その代わり、特殊な関係が加わるスゴイやつなので、覚えてあげてね。

  □ ..... **for S V**　　：..... 。というのも、**S** が **V** するからだ。
  □ ..... **so S V**　　：..... なので、（その結果）**S** は **V** する。

さっそくだけど、例文を見ていこうかな。

例文 -6

Mop went home early, for he wanted to watch TV.
▶モップは早く帰宅した。というのは、テレビを観たかったからだ。

こんな感じで読み取れたかな⁉

  {① **Mop went home early**}, for ｛② **he wanted to watch TV**｝.

そして、この文にはこんな特殊な関係があることも覚えておこう！

  {① 結果｝, **for** ｛② 原因・理由｝. ▼

まあ、これは省略も無いし、意味を覚えるだけなので問題ないよね。
では、次に **so** の例文も見ていきましょう！

▼ **英文では見かけるけど…。**
実は、この **for** を使った表現は口語ではあまりつかわないヒョ。
「Mop went home early because he wanted to watch TV.」
のように口語では言うヒョ。

例文 -7

I missed the bus, so I was late for the meeting.

▶私はバスに乗り遅れたので、会合に遅刻した。

この文は、こんな感じだよね！
　　{① I missed the bus}, so {② I was late for the meeting}.
そして、この文にある特殊な関係は、こんな感じ。

　　{① 原因・理由}, so {② 結果}.

この文も特に問題はないよね。
ただし、**for** も **so** も①と②の関係には注意して読むように！
長文の内容一致問題では、この①と②の関係を
逆にした選択肢がでてくることがよくあるんだ。
正確に読む訓練で、確実に得点源にしていこう！▼

同格の that S V

第3講で、名詞のカタマリを作る［that S V］をやったけど、
that S V には、もう1つ「同格の that」という働きがあるんだ。

POINT

同格の that

　　名詞 〈that S V ..... 〉 ：〈S が V するという〉 名詞

　　※ that S V が直前の 名詞 の**内容**になっている。
　　※ 名詞 の説明なので、本書では〈形容詞〉としてあります。
　　※ この that は省略できない。

注意 単語・熟語・文法はシッカリと！
　単語や熟語がわからないのに、その集合体である長文が読めるはずないよね。つまり、単語・熟語・英文法をシッカリやらないと、英語長文は読めないのよ！　だから、最初は特に単語や熟語を覚える時間をたっぷりとった方がいいのよね。

第5講　接続詞

ではでは、例文でチェック！

> 例文-8
> I know the fact that he broke the PC.
> ▶私は、彼がそのパソコンを壊したという事実を知っている。

that のカタマリの中で代名詞が抜けていないので、
この that は関係代名詞ではないよね。
さらに、I know the fact で第3文型が完成しているので、
「that S V」は O のカタマリというわけでもない。
そこでよく見てみると、

　　　名詞 〈that S V〉

という形になっているよね！

　　I know the fact 〈that he broke the PC〉.

このような形の「that S V」を「同格の that」といって、
「〈S が V する**という**〉 名詞 」と和訳問題では訳せばいいからね。

また、〈that S V〉のカタマリが、**直前の 名詞 の内容になっている**
という点もポイント！　今回も、
　　 事実 ＝〈彼がそのパソコンを壊した（＝事実の内容）〉
という形になっているよね。
では、調子が出てきたところで
第4講でやった関係詞の話もしちゃおうかしら!?

▍関係詞の非制限用法

関係詞（関係代名詞や関係副詞のこと）は、

関係詞の直前にカンマ（ , ）が付く場合もあるんだよね。▼

> **POINT**
> **カンマ付きの関係詞：非制限用法**
> ① **that** は使えない
> ② 目的格でも省略できない
> ③ 「**, which**」は、漠然と直前の文の内容
> 　（**名詞・名詞のカタマリ・文**）を先行詞にできる

では、忘れないうちに例文で定着させよう！

例文 -9
I have three daughters, who live in Chicago.
▶私には娘が3人おり、（3人とも）シカゴに住んでいる。

関係詞の直前にカンマが付いているときは、そこで文が1回切れて、
関係詞のカタマリは**補足説明**のような役割になるんだ。
　　I have three daughters,／who live in Chicago.
訳すときは**カンマまでを先に訳し、**
それから後半を補足説明のように訳すのが基本！
「..... である，←（そして）それは ..... 」みたいなイメージだね。
第4講でマスターした関係代名詞の文と比べて、
その意味の違いをモウレツに理解しておこう！
　　例 I have three daughters who live in Chicago.
この文はカンマが無いので〈カタマリ〉から先に訳すと、
関係代名詞のカタマリを先行詞にかけて訳すので、
「私には〈**シカゴに住んでいる**〉娘が3人いる。」
という感じの訳になるよね。つまり、

▼ 関係詞の制限用法と非制限用法

補講 　関係詞には、関係詞の直前にカンマが付かないものと、カンマが付いているものがあるの。カンマが付かないものを「**制限用法**」、カンマが付いているものを「**非制限用法**」というのよ。第4講でマスターしたのは「制限用法」の方ね。

シカゴに住んでいない娘も他にいるかもしれない
というニュアンスの文になるんだ。
他にも娘がたくさんいるけど、「シカゴに住んでいる→娘」のように、
修飾する先行詞を明確に制限して（しぼり込んで）説明しているんだ。
一方、例文9は、「娘が3人いる」と先に言ってしまって、
そのあとで「（そして）その娘は ..... 」と説明しているので、
娘は3人しかいないという意味になるんだ。
このように、カンマのある無しで大きく意味が変わるので要注意！

そして、カンマがある場合の関係詞は、
that は使えないし、目的格でも省略できない
という2つの重要ルールがあるので注意ですぞ！

では次に、ちょっと特別な使い方の **which** も見てもらおうかな。
例文 10 を見てみよう！

> 例文 -10
> Ishida said that he had passed the exam, which was a lie.
> ▶石田は試験に合格したと言ったが、（そのことは）ウソだった。

この文の 先行詞 は、なんと [**that he had passed the exam**] の部分！
つまり、[**彼が試験に合格したということ**] がウソだったわけだね。
この例文のように、カンマが付いている **which** には、
直前の 名詞 だけではなく、例文 10 のような [**名詞のカタマリ**] やカ
ンマの前の「**文全体**」を 先行詞 にする使い方もあるんだよ。
この文も、和訳問題では「（そして）そのことは」のように、
補足説明っぽく訳せばいいからね。▼

▼ 補足説明とは？
　補足説明とは、**説明の付け足しのことでしゅ**。先行詞が複数の人なら「そして、彼らが」「しかし、彼らは」、事柄なら「そして、そのことが」「しかし、そのことは」のように、「**接続詞＋代名詞**」っぽく訳すといいんでしゅ。

関係代名詞の what

> **POINT**
>
> **関係代名詞の what ～名詞のカタマリを作る関係代名詞～**
>
> ◎ ［**what V**］　　：V すること［もの］
> 　　　　　　　　　※ S が抜けている。
>
> ◎ ［**what S V ▲**］　：S が V すること［もの］
> 　　　　　　　　　※▲の所で名詞［代名詞］が抜けている。

関係代名詞には **what** というものもあって、
やはり、**カタマリの中で代名詞が抜ける**んだ。
しかし！〈形容詞のカタマリ〉ではなく、**名詞のカタマリ**になるので、訳すときは名詞扱いをして、「～もの／～こと」としてあげよう！

例文 -11

What Piyo said is wrong.

▶ピヨが言ったことは間違いだ。

この［**What Piyo said**］という部分が、「ピヨが言った**こと**」という［名詞のカタマリ］＝［S のカタマリ］になっているのがわかるよね。
関係代名詞 **what** はこのように［名詞のカタマリ］を作るんだ。▼
ちなみに、「関係代名詞なのに形容詞ではなく名詞のカタマリ？」と思った人はエライ！
実は、the thing〈which .....〉を１語で言いかえたのが what。
つまり、the thing〈　　〉という名詞が入っているので名詞扱いになるんだ。
直前に先行詞が無いのもポイントだよね。

▼ その他の例文（what は O や C のカタマリにもなれる！）

① Tell me［what he did］.　→※ what S V ▲ ＝ O
（彼がしたことを私に教えてくれ。）
② This is［what he did］.　→※ what S V ▲ ＝ C
（これが彼がしたことだ。）

第5講　接続詞

第5講 CHECK問題

第5講 まとめ

★ **and** , **or** , **but** , **for** , **so** = 後ろと前で同じ形を並べる
★ 3つ以上並べるとき = ①, ②, ③ **and** ④
★ 同格の **that** = 名詞 〈**that** S V〉: 〈S が V するという〉 名詞

■問1　空所に最も適する語句の番号を選びなさい。

☐ 1　I know him (　　) he doesn't know me.
　　① and　　② which　　③ but　　④ that

☐ 2　Look at (　　) he has.
　　① that　　② which　　③ who　　④ what

■問2　次の文の that が省略できる場合は①、できない場合は②を選べ。

☐ 3　I gave him the information that Tom would start a new store.

■問3　次の英文を和訳しなさい。

☐ 4　He said that he would come here, which was not true.

☐ 5　Paul and Betty sang, danced and drank happily.

★とってもやさしい★ 解答 & 解説

●●● ここがポイント！ ●●●

★関係詞の前にカンマがある場合は、カンマまでを先に訳し、カンマ以降を補足説明のように訳す。

☐ **1** ☞ ③　▶私は彼を知っているが、彼は私を知らない。

★空所の前が肯定文で、空所の後ろは否定文になっている。肯定文と否定文のように、この中で逆のイメージをつなぐのは **but** のみなので、③が正解。

☐ **2** ☞ ④　▶彼がもっているものを見なさい。

★他動詞 has の目的語が無いので、空所には関係代名詞が入る。また前置詞 at の後ろには名詞がくるので、名詞のカタマリを作る④が正解。at which のような前置詞＋関係代名詞は、後ろが完全文。また、 名詞 at which ..... のように直前に名詞も必要。

☐ **3** ☞ ②　▶私は彼にトムが新しい店を出すという情報を与えた。

★ 名詞 〈that S V〉という形をした**同格の that** なので、that は省略できない。that の前は第４文型が完成しているので、that が作るカタマリは **O** ではないし、that のカタマリの中で代名詞が抜けていないので関係代名詞でもない。

☐ **4** ☞ He said that he would come here, ／ which was not true.

▶彼はここに来ると言ったが、それは本当ではなかった。

★先行詞は［that he would come here］。従って、後半を「（そして）それは本当ではなかった」のように訳す。

☐ **5** ☞ Paul and Betty｛① sang｝,｛② danced｝and｛③ drank｝happily.

▶ポールとベティは、楽しく歌って、（楽しく）踊って、（楽しく）お酒を飲んだ。

★前の and は Paul と Betty を並べている。後ろの and は sang、danced、drank という３つの動詞を並べているので、副詞 happily は③だけではなく、①と②にもかかる。

第6講 時制
～時間イメージを伝える動詞の形～

動詞の形が伝える時間イメージ。
この最重要文法をマスターすれば、
正確な長文読解はもう目の前だ！
さあ、気を引き締めていこう！

今回の主役
時制

日本人が**最もワカッタツモリになっていることが多い文法**の１つ。
それこそが「**時制**」という時間イメージを伝える**動詞の形**！
ここで、英語的な時間イメージの感覚をマスターして、
文法問題はもちろん、正確な英作文や長文読解につなげていこう！
最初は、一番ワカッタツモリが多い**現在形**から見ていこう！

現在形

現在形とは、主語が１人称・２人称・複数なら動詞の原形、
３人称単数なら三単現の **-s(-es)** を付けるという、
一番基本的な動詞の形のことね！▼

では、さっそくだけど例文を見てちょうだい！

▼**人称とは**

１人称：自分 (I) や自分を含む集団 (we) のこと
２人称：あなた (you) やあなたを含む集団 (you) のこと
３人称：１人称・２人称以外のすべての名詞

> 例文-1
> Mop climbs the cliff every day.
> ▶モップは毎日その崖に登る。

おおっ……カワッタ、シュミダネ。
まあ、それはいいとして、
大切なのは、この動詞の形から伝わってくる時間イメージ！
では、質問！ 「毎日登る」ということは、
7日前は？　5日前は？　3日前は？
今日は？　3日後は？　5日後は？　7日後は？
……答えは全部「登った or 登るだろう」だよね。
実は、これが現在形というイメージの正体なんだ。

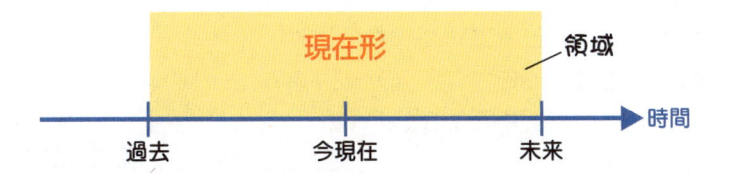

現在形はこのように、「今現在だけ」の話をしているわけではないのだ。
よく、「不変の真理（絶対に変わらないこと）は現在形」と言うけど、

例 The sun rises in the east.
　　▶太陽は東から昇る。

これも、100年前も、現在も、100年後もそうなので、
現在形のイメージそのままの文だってわかるよね！

「じゃあ、今現在の話は!?」と思ったそこのあなた！
それが次の時制、「現在進行形」なんだよ！

現在進行形

現在進行形とは
「be動詞［is、am、are］＋ Ving（動詞の ing）」のこと。
この動詞の形が伝えるのは、こんなイメージなんだ。

```
       過去進行形   現在進行形   未来進行形
       ←幅せまっ!!→
────┼──────┼──────┼────→ 時間
    過去      今現在      未来
```

現在形と比べると、かなり期間限定って感じがあふれてるよね！
極端な話をすると、１分前や１分後はわからないけど、
「とにかく今はその動作をしている最中なんです！」
という、**進行中の動作（動き）**に使うのが基本なんだ。
では、例文でイメージを固めていこう！

例文-2

Mop is climbing the cliff now.

▶モップは今、その崖を登っているところだ。

どう !?　この文から伝わってきた !?
１分前や１分後はわからないけど、
「とにかく今は登っているところだよ」
というイメージが伝わってくれば OK だよ！

この期間限定のイメージがつかめたら、
普段は進行形にしない動詞をあえて進行形にすると出てくる
特殊なイメージも正確に読み取れるよね。

※いつもは静かなのに、「今日」という期間限定で騒がしいイメージ。
例 Piyo is being noisy today.
　　▶ピヨは今日は騒がしい。

※動いている［変化中の］イメージなのでこんなイメージもある。
例 It is getting colder day by day.
　　▶日増しに寒くなってゆく。

現在完了形

現在完了形とは、「**have**［**has**］＋ V_{pp}（過去分詞形）」のことね。
では、この動詞の形が伝えるイメージから確認していこう！

この「過去から今までつながっている」というイメージ、伝わった!?
そうすると、こんな意味が伝わってくるはずだよ。

□ **have** ＋ V_{pp} で伝えるイメージ
① （過去から今まで）ずっと **V** している　　【状態の継続】
② （過去から今までに）**V** したことがある　　【経験】
③ （過去からしていたことが今）
　　ちょうど **V** したところだ
　　＝すでに **V** してしまった　　　　　　　【完了・結果】

では、例文で「状態の継続」のイメージから確認していこう！

> 例文-3
> Piyo has lived in this town for ten years.
> ▶ピヨは10年間（ずっと）この街に住んでいる。

「過去から今まで（状態が）続いているイメージ」
が伝わったかな!?▼

それがOKだったら、注意事項も見ておこう！

《注意》「過去から今まで動作が続いているイメージ」はこの形になる！
　　□ **have been Ving**　　　　　　　　　［現在完了進行形］
　　：（過去から今まで）ずっとVし続けている【動作の継続】
例 Piyo has been playing tennis for two hours.
　　▶ピヨは2時間ずっとテニスをし続けている。
　　※進行形とセットなので、動き続けているイメージ。

> 例文-4
> Ishida has eaten the strange fruit three times.
> ▶石田はその奇妙な果物を3回食べたことがある。

これは、「経験」の例文のようですな。
……おお!?　正体不明の果物を3回も!?　サスガ、シショウ！
……それはさておき、この文の **have** + V_{pp} からは、
「過去から（＝生まれてから）今までの経験だよ」
ということが伝わってくるよね。

▼継続とセットで使われる前置詞
□ for ～（～の間）
□ since ～（～から、～以来）

このイメージのときは、**回数を表す表現**や、「**ever**（今までに）」
「**never**（1度もない）」などがセットになることが多いからね！▼

よし、次は最後のイメージ、「完了・結果」の例文だね。

例文 -5

I have just done my own work.

▶ 私はちょうど自分自身の仕事を終えたところだ。

「過去から続いていた仕事がちょうど終わった」
この文からそんなイメージが伝わってきたら、時制攻略は成功！▼（次ページ）
ちなみに「終わったから、今から暇だぞ〜！　何する!?」みたいなイメージにもなるからね！

第6講　時制

過去形

過去形とは、**-ed** で終わるのが基本で、
「過去の事実」を伝える形なんだ。
では、いつものように、イメージから確認してみよう。

過去形
said

過去　　今現在　　時間

見た!?　かなり**現在形**や**現在完了形**と違うよね！
「現在までつながっていない」という大きな違いに気づいた!?
これは、例文で違いを確認していくしかないでしょ！

▼ 回数を表す表現とはこんな感じだヒョ。
☐ once　　：1回
☐ twice　　：2回
☐ 〜 times　：〜回（〜は普通の数字）←3回以上はコレ

> **例文 -6**
>
> Ishida lost his wallet two days ago.
> ▶石田は2日前に、財布を無くした。

過去形の文なので、「過去の事実＝現在までつながっていない」を述べているだけ。つまり、無くしたあとのことは伝わらないんだよ。つまり、「今もない」のか「そのあと見つかった」のかは不明のまま。

この文との違いをイメージしてみるとわかりやすいよね。

例 Ishida has lost his wallet for two days.

どう？　この文だと、無くした状態が今まで続いているので、「今もない」ってことがビシビシ伝わってくるよね。
この違いがわかるかどうかは、英作文や長文読解では大きいからね。

過去進行形

過去進行形は、「be動詞［was、were］＋ Ving」という形のこと。
では、いつものように、過去進行形のイメージをどうぞ！

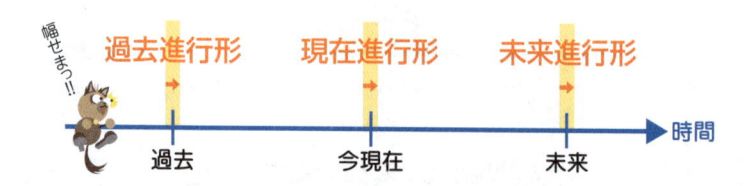

過去進行形　現在進行形　未来進行形
過去　　　　今現在　　　未来　　　→時間

現在進行形が過去に移動しただけなので、さっそく例文でチェック！

▼ 完了・結果とセットになる単語たち
□ 普通の文（＝肯定文）で have と V_pp の間に置く
　・already（すでに）　・just（ちょうど）
□ 疑問文で文末に置く　・yet（もう）
□ 否定文で文末に置く　・not ..... yet（まだ..... ない）　など

例文-7

<u>Eiko was washing</u> her face and hands at that time.

▶英子はその時、顔や手を<u>洗っていた</u>。

進行形から伝わるこの、期間限定で**ふにふに動いている**イメージ。
それが伝わってきたらかなり時制が身についてきている証拠！
いい感じなので、このまま過去完了形へ突入していこう。

過去完了形

過去完了形とは、「**had + V$_{pp}$**」という形のこと。
これは、「過去のある時点よりも、さらに過去の出来事よ」
ということを強調する形なんだ。▼

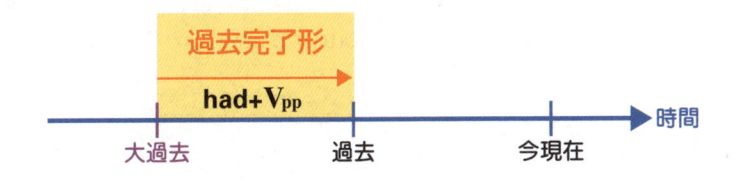

```
         過去完了形
         had+V_pp
 ──┼──────→┼────┼──────→ 時間
  大過去      過去   今現在
```

「過去よりもさらに過去だと強調する」とは、
言いかえれば、**基準となる過去形が必要**だということ。
「過去形を含むカタマリよりも、**had V$_{pp}$** はもっと過去の出来事よ」
というイメージを伝えるわけだね。
では、現在完了形と同じく、「継続」のイメージから確認していこう。

▼ 強調なので、明らかに時間の前後がわかる場合は使わないニャ。

例：I ate dinner and went to bed.
（私は夕食を食べて寝た。）
① and ②は①の方が②よりも前の出来事なので had eaten にしないニャ。

> **例文-8**
> I had lived in London for six years before I went to New York.
> ▶ニューヨークに行く前に、私は6年間ロンドンに住んでいた。

went を含む（**before** のカタマリ）よりも、
had lived の方が過去の出来事だと伝わってくるよね。

《注意》動作の場合は過去完了進行形「**had been Ving**」になる。

> 例 Mop had been looking for a key before Chabi came home.
> ▶チャビが帰宅するまで、モップはずっとカギを探していた。

> **例文-9**
> Bean had never had a cucumber before he came to Japan.
> ▶日本に来るまで、ビーンは１度もキュウリを食べたことがなかった。

「**came** するよりも前は、**had never had** という経験ですよ！」
という「経験」の内容が伝わってきていたら、大したもんです！
では、最後は「完了・結果」の例文！

> **例文-10**
> Rose had already left the shop when we arrived there.
> ▶我々がそこへ到着したとき、ローズはすでにその店を去っていた。

▶ こんな訳でもいいモフ。

「チャビが帰宅する前に」ということは、「チャビが帰宅するまで」ということなので、before を「〜するまで」と訳してもいいんだモフ。

「**arrived** する前に、**had already left** してしまっていた」
という、「待っててよ、ローズ！」的な内容で問題ないよね!?
時間のズレをしっかりと意識してね！
よし、ではいよいよ最後の砦、未来のイメージをマスターしよう！

未来表現

未来を伝える場合は、「**will ＋ V原**」「**be動詞 going to V原**」などで
伝えるのが基本だったよね。
では、恒例のイメージチェックといきましょう！

「今よりも先のこと」を伝えるイメージというのはわかるよね。
ただし、今までの時制との大きな違いに気づいているかな!?
　　　□ 現在・過去 ＝ 事実
　　　□ 未　　　来 ＝ 頭の中の想像
この違いは重要！　長文の誤読につながるからね！
超重要事項なので、しっかり例文で確認していこう！

例文 -11

Mop will leave New York next summer.
▶モップは次の夏、ニューヨークを去るつもりだ。

未来のことを、頭の中で想像しているイメージの文だよね。
「事実ではない＝予定でしかない」ということを忘れないようにね。

未来進行形

未来進行形とは、「**will be Ving**」のことで、
「未来のある瞬間にしているであろう動作」を伝える形なんだ。

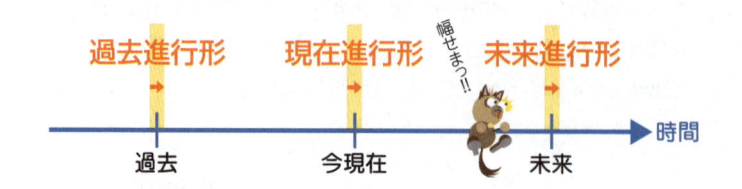

過去進行形　現在進行形　幅せまっ!!　未来進行形
過去　　　　今現在　　　　　　　未来　　　　時間

現在進行形が未来に移動したイメージなんだけど、
１つだけ注意事項があるので、例文で確認しておこう！

例文-12

Chabi will be taking a bath at this time tomorrow.

▶ チャビは明日のこの時間は、入浴中だろう。

進行形から伝わってくる「動き」のイメージは問題ないよね。

さあ、いよいよ注意事項の発表です！
未来進行形は、未来のある特定の時間、
例えば「明日のこの時間」「来週月曜日の午後２時」のように、
未来の一時点を表す言葉とセットで使うのが基本！
意外と重要なポイントなので、しっかり覚えておいてね。

いよいよここまでたどり着いたね！

時制の最後は、もちろん未来完了形ですよ！

未来完了形

未来完了形とは、「**will have V$_{pp}$**」のことで、
「未来のある時点」までの「継続」「経験」「完了・結果」を伝える形なんだ。▼

では、いつもと同じく「継続」から見ていこう。

> 例文 -13
>
> Rabi <u>will have lived</u> in Hawaii for ten years next month.
>
> ▶ ラビは来月で、10年間ハワイに住んでいることになる。

この文は **for ten years** から、「継続」の文だとわかるよね（P.94）。
そして、ポイントは「未来のある時点＝ **next month**」！
未来完了形は、未来の表現とセットになるのが基本なのでお忘れなく！

《注意》動作の場合は未来完了進行形「**will have been Ving**」になる。

> 例 By next April I <u>will have been working</u> here for five years.
>
> ▶ 次の4月で、私は5年間、ここで働き続けたことになる。
> ※未来完了進行形は実際はあまり使用されない。

▼ 現在完了形との違いに注意

現在完了形が未来にズレただけだよね。ただし、「未来のある時点」というのがポイントよ。そこに注目して例文を見ていってね。

> 例文-14
>
> Ishida <u>will have read</u> the book five times if he reads it again.
>
> ▶もう一度読んだら、石田はその本を5回読んだことになる。

この文も **five times** から、「経験」の文だと伝わってくるね！（P.95）
ここでは、「未来にもう一度読んだら」という条件になっているけど、
「未来の条件＝ **if he reads it again**」がポイントだよね！▼
この表現があるから、未来完了形が使えるというわけですな。

よし、次はいよいよ最後の例文、「完了・結果」だよ！

> 例文-15
>
> Bean <u>will have finished</u> the work by the time Mop comes back.
>
> ▶モップが戻るまでには、ビーンは仕事を終えているだろう。

この文のポイントは「**by the time S V**（S が V するまでに）」だね。
この接続詞は〈期限のカタマリ〉を作るので、
「未来における期限＝ **by the time Mop comes back**」となって、
「それまでに完了するよ」というイメージを伝えているわけだね！

▼ **未来の条件は現在形で書く！**
例文14・例文15では、「時・条件を表す〈副詞のカタマリ〉の中は、未来の文でも現在形で書く！」という重要ルールが使われているピヨ！（P.38）

さあ、これで準備は整った！
もちろん、これですべてではないけれど、
長文を読むために最低限知っておかなければならない文法は、
シッカリと教えたからね。

次の講からはいよいよ長文読解に自分で挑戦してもらうよ！
でもその前に、もちろん CHECK 問題といきましょうか。

第6講 時制

第6講 CHECK問題

第6講 まとめ

★現在のイメージ→現在形・現在進行形・現在完了形
★過去のイメージ→過去形・過去進行形・過去完了形
★未来のイメージ→未来表現・未来進行形・未来完了形

■問1　空所に最も適する語句の番号を選びなさい。

☐ 1　I（　　　）an essay about a chemist three days ago.
　　① write　② wrote　③ have written　④ will write

☐ 2　The earth（　　　）around the sun.
　　① turns　② turned　③ is turning　④ has turned

■問2　次の文の間違いを訂正しなさい。

☐ 3　He has played tennis with her for two hours.
　　▶彼は2時間彼女とテニスをしている。

■問3　次の英文を和訳しなさい。

☐ 4　I will have finished my homework by the time he comes home.

☐ 5　He had never seen a dog before he came to this town.

★とってもやさしい★ 解答 & 解説

●●● ここがポイント！ ●●●

★それぞれの「動詞の形」が持っているイメージを正確に英文から読み取る！
また、「現在・過去＝事実」「未来＝想像」という違いにも気を付けて！

☐ **1** ☞ ② ▶私は3日前に、ある化学者に関するレポートを書いた。

★「〜 ago」は「（今から）〜前に」という過去を表す表現。よって、過去形とセットで使うため、②が正解。

☐ **2** ☞ ① ▶地球は太陽の周りを回っている。

★地球が太陽の周りを回っているのは、100年前も、現在も、おそらく100年後も一緒。これは現在形のイメージなので、①が正解。

☐ **3** ☞ has played → has been playing

★動作の継続は、現在完了進行形「have been Ving」になるのが基本。主語が3人称単数なので、has played を has been playing に直す。

☐ **4** ☞ ▶彼が帰宅するまでに、私は宿題を終えているだろう。

★「by the time S V（S が V するまでに）」という、未来の期限が書かれているので、「will have finished」は「（期限までに）終えているだろう」という完了・結果の意味で訳せばよい。

☐ **5** ☞ ▶この街に来るまで、彼は犬を一度も見たことがなかった。

★「never（一度も .....ない）」から、経験の意味で訳せばよい。came を含む（before のカタマリ）よりも、had never seen の方が過去の出来事であることに注意。

第6講 時制

105

英語長文のための補講-1
代名詞

第0講（P.12）で、「代名詞は基本的に、すぐ前の文に出てきた名詞を指す」とやったのは覚えてるかな。
長文を正確に読むために、代名詞が出てきたら、「その代名詞が何を指すのか」を考えながら読んでほしいんだ。
次の例文で、下線部の代名詞oneが何を指すか考えてみよう！

【例文】
Bean did not know what to say to his parents after their discussion. He wanted to be a nurse since his favorite uncle was <u>one</u>.

まず、代名詞が出てきたら、その代名詞が指す名詞が「人」なのか、「モノ」なのか、「事柄」なのかを判別してみよう！

この例文でのヒントは、oneの直前にあるbe動詞のwasなんだ。
be動詞はイコール関係を表すので、
「his favorite uncle（人）＝one（人）」と教えてくれているよね。
だから、代名詞oneは、**すぐ前の文の人を指している**とわかるよね。
そして、よく見ると、接続詞sinceで**2つの文をつないでいる**ので、前の文は「He wanted to be a nurse」という部分になるよね。
（Bean did not know ..... discussion. は、すぐ前の文じゃない！）
だから「one＝a nurse」だとわかるんだ。
この文のように、代名詞は動詞を見てあげれば、人を指すのか、人以外を指すのかがわかることが多いんだ。
これはシッカリ覚えておいてね。

【例文の和訳】
ビーンは話し合いのあとで両親に何と言っていいかわからなかった。
大好きなおじさんが看護師だったので、彼は看護師になりたかったのだ。

第2章
れんしゅう編

さあ、いよいよ「英語長文」に挑戦！ 難関大の長文も、最初から最後まで難しいわけじゃない。この「れんしゅう編」では、基礎を100％にし、基本的な文を1秒でも速く読む特訓をしていくからね！ できるまで、何回でも挑戦だ！

基本4品詞	0
基本5文型	1
接続詞①	2
接続詞②	3
接続詞③	4
接続詞④	5
時制	6
れんしゅう①	7
れんしゅう②	8
れんしゅう③	9
れんしゅう④	10
れんしゅう⑤	11
れんしゅう⑥	12
れんしゅう⑦	13
実戦演習①	14
実戦演習②	15
実戦演習③	16
実戦演習④	17
実戦演習⑤	18

第2章
オリエンテーション
orientation

この第2章では、実際に長文を読んでもらうよ！
え？ 読めるかどうか心配？ 大丈夫。必ず読めるようになる！
それにこの章は、長文は長文でも超短い長文（？）だから。
ただし、油断は禁物！
比較的易しいとはいえ、実際に大学入試で使われた英文だから、
ナメてたら意外なところで足元すくわれちゃうからね！

この第2章は、次のような構成になっているんだ。

第 7 講：れんしゅう ①
第 8 講：れんしゅう ②
第 9 講：れんしゅう ③
第10講：れんしゅう ④
第11講：れんしゅう ⑤
第12講：れんしゅう ⑥
第13講：れんしゅう ⑦

要は、第7講から第13講まで、1講につき1題ずつ、
合計7つの「れんしゅう問題」を解いてもらうというわけだね。
この第2章は、基本的に次のようにページが進んでいくよ。

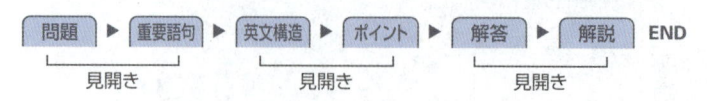

問題 ▶ 重要語句 ▶ 英文構造 ▶ ポイント ▶ 解答 ▶ 解説 END
  見開き   見開き   見開き

これは「右側ページの上」にいつも表示されているんだけど、
一つずつ説明していこうかな。

┌ 問題 ←問題文と設問を掲載。
見開き│ 重要語句 ←問題文中にある重要な語句とその意味を表示。
　　└
　　┌ 英文構造 ←問題文の「英文の構造と意味」を詳しく分析。
見開き│
　　└ ポイント ←読解のポイントをわかりやすく簡潔に掲載。
　　┌ 解答 ←設問の解答と和訳を掲載。
見開き│
　　└ 解説 ←設問についての解説を掲載。

これらが、見開きページ単位で進んでいくんだ。
 問題 のようにカコミの中が白くなっているところは、
「現在ページ」という意味だからね。

あと、「英文の構造と意味」などのページでは、
カタマリを次のように区切って表していることにも注意！
　　　［　］＝名詞のカタマリ
　　　〈　〉＝形容詞のカタマリ
　　　（　）＝副詞のカタマリ
　　　｛　｝＝接続詞の前後で並んでいるカタマリ　例：｛　｝and｛　｝

このカタマリの区切り方については、以下の点に注意してね！
◎（　）の中の（　）には〔　〕を使っている！
◎｛　｝の中の｛　｝には《　》を使っている！
　※｛　｝だけはカタマリじゃなくても（1語でも）付いている。
◎副詞のカタマリを表す（　）は、基本的に**文末の副詞**には付いていない（ただし接続詞には付いている）。

ちなみに、「**It is** … **to V**原」のような形式主語構文や、
「**There is** .....」の構文、
または「**have been in**」のような熟語を含んだ文は、
SVOC の色分けがなされていない、ってことも
覚えておいてね（色分けするとかえって混乱するため）。
いいかな？　では、第7講にいってみよう！

第7講へGO

第7講 れんしゅう ①

出題 ▶ 大阪経済大学（経済学部 他）〔改〕

難易度 ★★★★★
目標時間 5分

問題 英文を読んで下の設問に答えましょう。

　All human beings make mistakes. Mistakes are a way to grow and learn. If I have grown up with <u>perfectionistic parents</u> who saw making mistakes as bad, I will probably believe that I am bad if I make mistakes. Then, I may never admit that I made mistakes, or if I admit it, I may try to make someone else responsible for it.

設問（　　）内に入るのに最も適当なものを選びましょう。

(1) According to the passage, <u>perfectionistic parents</u> are those who would (　　).
　a: want their children to do everything right
　b: look at mistakes perfectly
　c: see their children becoming good by making mistakes
　d: value mistakes so that they can learn from them

(2) This article is mainly about (　　).
　a: mathematics
　b: chemistry
　c: economics
　d: education

重要語句チェック

❶文目
- [ ] human beings ： 熟 人間
- [ ] make a mistake ： 熟 間違いをおかす

❷文目
- [ ] mistake ： 名 間違い
- [ ] way ： 名 方法，手段
- [ ] grow ： 動 成長する

❸文目
- [ ] if S V ： 接 もしも S が V するならば
- [ ] grow up ： 熟 成長する
- [ ] perfectionistic ： 形 完全主義の
- [ ] see A as B ： 熟 A を B とみなす
- [ ] probably ： 副 おそらく
- [ ] believe ： 動 信じる

❹文目
- [ ] then ： 副 そのとき，それゆえに
- [ ] admit ： 動 認める
- [ ] try to V原 ： 熟 V しようと（努力）する
- [ ] someone else ： 熟 誰か他の人
- [ ] responsible (for ～) ： 形 (～に) 責任がある
    - ※ be responsible for ～ ： 熟 ～に責任がある

英文の構造と意味

❶ All human beings make mistakes.

▶ すべての人間は間違いをおかす。

❷ Mistakes are a way to { ① grow } and { ② learn }.

▶ 間違いとは {①成長し }、{②学習する } ための１つの手段なのだ。

❸ (If I have grown up with perfectionistic parents 〈 who saw making mistakes as bad 〉), I will probably believe [that I am bad (if I make mistakes)].

▶ （もし私が、〈 間違いをおかすことを悪いとみなす 〉完璧主義の親に育てられていたら ）、私はおそらく [(間違いをおかしたら) 自分は悪いのだ] と信じてしまうだろう。

❹ (Then), { ① I may never admit [that I made mistakes] }, or { ② (if I admit it), I may try to make someone else responsible for it }.

▶ （それゆえ ）、{ ① [私は間違いをおかした] と決して認めないかもしれないし }、{ ② （もし認めたとしても ）、それを他の誰かの責任にしようとするかもしれない }。

「全年齢対象」の「学び直し」教室

中学英語/数学を もう一度 はじめからていねいに

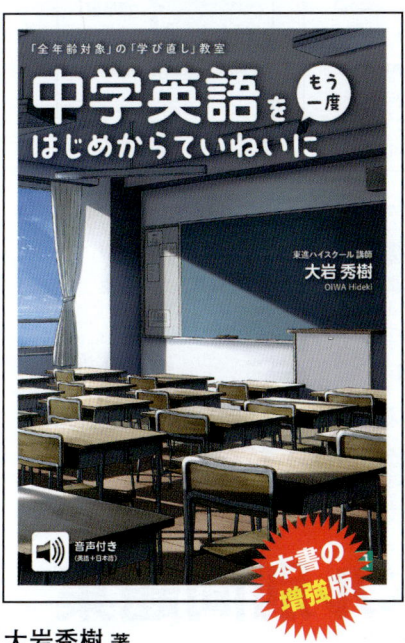

大岩秀樹 著
A5判／296頁／4色刷／1,500円＋税

▶本書『大岩のいちばんはじめの英文法【超基礎文法編】』と【英語長文編】(の重要部)を合本にし、初心者向けに"超基礎"事項の解説を増補。巻末には中学レベルで最も重要な単語600＋熟語300を新規追加(音声付き🎧)。英語を超基礎から"総合的"に固められるオールインワン!!

音声（英語＋日本語）付き
日本語音声：渡瀬マキ
（「LINDBERG」ボーカル）

沖田一希 監修
A5判／528頁／4色刷／1,800円＋税

▶「知識ゼロ」の初心者でも、「はじめからていねいに」「学び直し」ができる、最もわかりやすい中学数学の講義本。これでわからなかったら、もう終わり…!?

お問い合わせ
株式会社ナガセ　出版事業部（東進ブックス）
〒180-0003 東京都武蔵野市吉祥寺南町1-29-2
TEL：0422-70-7456／FAX：0422-70-7457

東進ブックス

新刊

本書の著者（大岩秀樹先生）が書いた
ベストセラー英語長文問題集がついに大改訂！

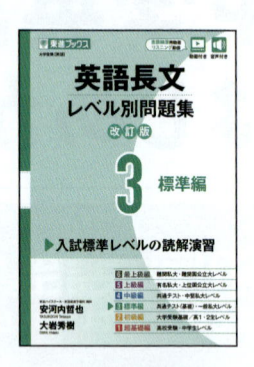

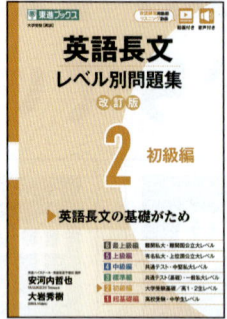

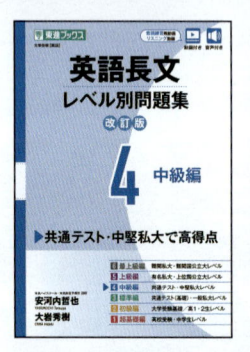

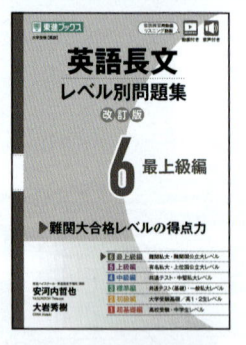

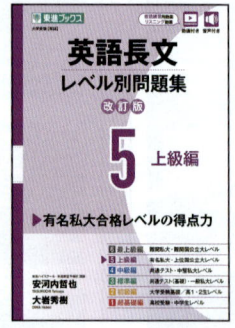

次はコレ!!

英語長文レベル別問題集
改訂版

本邦初 ネイティブと一緒に音読できる！
音読練習用動画付き
（出演：ニック・ノートン先生）

▶本書の全英文を音読できる動画です。単語のまとまりごとに「ネイティブの発音を聴く」「自分で発音する」を交互に繰り返します。ネイティブを真似して音読することで、正しい発音が身につきます！

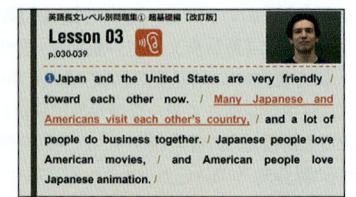

「① 超基礎編」
Lesson01の音読動画は
こちらから試聴できます！

【著】大岩秀樹／安河内哲也
【定価】①〜④：900円＋税／⑤〜⑥：1,000円＋税
【体裁】A5判／144〜192頁／3色刷

読解のポイント

❶ ◎「make a mistake ＝ 間違いを（1つ）おかす」という熟語だけど、ここでは「make mistakes **(複数)**」になっているので、「間違いを（複数）おかす」というニュアンスになっているんだ。

❷ ◎「a way 〈to V原〉＝〈Vする〉方法・〈Vする〉手段」という不定詞の形容詞用法を使った重要表現！ だから〈to grow and learn〉は、形容詞のカタマリとなって前の a way を飾っているんだね。
◎不定詞の形容詞用法は、「名詞〈to V原〉」で、「〈Vする〉名詞」「〈Vするための〉名詞」「〈Vすべき〉名詞」のような意味になるんだよ。

❸ ◎動詞が5つ（have grown up ／ saw ／ will believe ／ am ／ make）あるので、接続詞は4つ必要だよね！（動詞の数 －1＝接続詞の数）
【If】後ろのカンマまで（副詞のカタマリ）を作っている！
【who】「 人 who V ＝ 主格の関係代名詞」なので、カンマまで〈形容詞のカタマリ〉を作っている！
【that】他動詞 believe（～を信じる）の目的語の位置にあるので、［名詞のカタマリ］だとわかる。
【if】他動詞の目的語になっているわけではないので、（副詞のカタマリ）！
◎ making mistakes の making は動名詞。動詞と間違わないようにね。

❹ ◎②のカタマリの中に（if S V）があるよね。「① or ②」「① and ②」は、基本的に②**の先頭にある副詞は無視して考える**んだ。副詞どうしを並べている場合は無視しちゃダメだけどね。
　つまり、②は（if I admit it）という副詞のカタマリを無視。I may try で始まっていると考えて、①は I may never admit から文が切れているカンマの前まで、と考えればいいんだ。

設問の解答

設問 (　　) 内に入るのに最も適当なものを選びましょう。

(1) (According to the passage), perfectionistic parents are those <who would (　　)>.
- 正解 a: want their children to do everything right
- b: look at mistakes perfectly
- c: see their children becoming good by making mistakes
- d: value mistakes so that they can learn from them

【訳】(文章によると)、完璧主義の親とは (　　) 人である。
- a: 自分の子供たちにすべての物事を正しく行ってもらいたいと思う
- b: 完璧に間違いに注目する
- c: 自分の子供たちが、間違いをおかすことにより、立派に成長していると思っている
- d: 彼らがそれらから学び取れるように、間違いを評価する

(2) This article is mainly about (　　).
- a: mathematics
- b: chemistry
- c: economics
- 正解 d: education

【訳】この記事は主に、(　　) についてである。
- a: 数学
- b: 化学
- c: 経済学
- d: 教育

解説

(1)
この問題は、❸文目の下線部の後ろにある関係代名詞 **who** に注目だよ！
関係代名詞は、形容詞のカタマリを作って、前にある 名詞 （＝先行詞）を**説明する**のが主な働きだったよね！
つまり、「完璧主義の親＝間違いを悪いとみなす親」となるんだ。
裏を返せば「完璧主義の親＝正しいことを良いとみなす親」となるので、a が正解となるんだ。
実際の入試でも、**本文がそのまま解答の文になっていることはほとんどない**ので、意味をひっくりかえして考えてみる癖をつけておこう！

重要表現チェック

□ according to ~	熟 ～によると
□ passage	名 一節，引用された部分
d: □ value	動 評価する
□ so that S 助動詞 V原	熟 S が V するように（目的）

(2)
❶文目はその長文のテーマであることが多く、❷文目以降はテーマにそって話を具体的にしていくサポートの働きをしていることが多いんだ。
この文章の❶文目は「すべての人間は間違いをおかす」と始まり、❷文目で「成長」や「学習」に結びつけてテーマを具体的にしていっているので、d の「教育」がテーマだと考えられるんだ。

重要表現チェック

□ article	名 記事

第8講 れんしゅう ②

出題 ▶ 大阪経済大学(経済学部 他)〔改〕

難易度 ★★★★
目標時間 5分

問題 次の英文を読んで下の設問に答えましょう。

Expressing emotions has positive effects, not only on our mental health but also on our physical health. In a study, two groups of college students were asked to visit a researcher's room every day for three days. One group wrote essays about the most painful events of their lives, as well as their deepest thoughts and feelings about the events. The other group was given a neutral topic to write about, that was, the shoes they were wearing. Two months later, the group that wrote about painful events was found physically healthier than the other group.

設問 質問に対する答えとして最も適当なものを選びましょう。

What did the two groups of college students do?
- a: One group wrote about painful events, and the other one wrote about shoes.
- b: One group went to a researcher's room, and the other one wrote essays on health.
- c: One group wrote about health, and the other one wrote about shoes.
- d: One group put on shoes, and the other one wrote essays about painful events.

重要語句チェック

❶文目

□ express	:動 表現する
□ emotion	:名 感情
□ positive	:形 前向きの
□ effect	:名 影響
□ not only ① but also ② =② as well as ①	:熟 ①だけでなく②も
□ mental	:形 精神的な
□ physical	:形 肉体的な
□ health	:名 健康

❷文目

□ study	:名 研究
□ researcher	:名 研究者

❸文目

□ essay	:名 レポート，小論
□ painful	:形 困難な，苦しい
□ event	:名 出来事
□ deep	:形 深い
□ thought	:名 考え
□ feeling	:名 感情，感覚

❹文目

□ neutral	:形 際立った特徴のない，中立の
□ topic	:名 話題，テーマ
□ A, that is, B	:熟 A、すなわち B
□ wear	:動 身につけている

❺文目

□ physically	:副 肉体的に
□ healthy	:形 健康な

英文の構造と意味

❶ [Expressing emotions] has positive effects, not only { ① on our mental health } but also { ② on our physical health }.

▶ ［感情を表現すること］は、{①私たちの精神的な健康} だけでなく、{②肉体的な健康} にも、いい影響を及ぼす。

❷ (In a study), two groups of college students were asked to visit a researcher's room every day for three days.

▶ （ある研究では）、２つの大学生のグループが、３日間毎日研究者の部屋を訪れるよう頼まれた。

❸ One group wrote essays about { ② the most painful events of their lives }, as well as { ① their deepest 《 ① thoughts 》 and 《 ② feelings 》 about the events }.

▶ １つのグループは {①出来事についての最も深い《①考え》や《②感情》} だけでなく、{②日常の最も苦痛な出来事} についてもレポートを書いた。

❹ The other group was given a neutral topic to write about, that was, the shoes 〈 they were wearing 〉.

▶ もう一方のグループは、書くのに差し障りのないテーマを与えられ、そのテーマとは、〈彼らが履いている〉靴であった。

❺ (Two months later), the group 〈 that wrote about painful events 〉 was found physically healthier than the other group.

▶ （２ヶ月後）、〈苦痛な出来事について書いた〉グループは、もう一方のグループよりも肉体的により健康であることがわかった。

118

読解のポイント

❶ ◎ Expressing は、主語のカタマリを作っているので、動名詞だよね。
◎「not only ① but also ②」の①と②に、「effects on ～ = ～への影響」の「on ～」が入れられた形になっているんだ。つまり、「①へだけでなく②への影響」となっていることに注意だよ。

❷ ◎「ask 人 to V原 = 人 に V するように頼む」が受け身[受動態]になって、「人 be asked to V原 = 人 が V するよう頼まれる」という形になっているのがわかれば簡単に読めるよね！

❸ ◎「② as well as ① = not only ① but also ②」なので、和訳問題では①と②を逆に訳さないように注意するべし！
◎「① and ②」は、後ろと前で同じ形を並べるので、①が thoughts、②が feelings になるよね。つまり、their deepest が① thoughts と ② feelings の両方にかかっているんだね。

❹ ◎「, that was,」は「A, that is, B = A、すなわち B」という**言いかえの記号**の過去形なんだ。
ここでは「A＝レポートを書くための特徴のないテーマ」すなわち「B＝彼らが履いている靴」と、わかりやすく言いかえてくれているんだね。

❺ ◎動詞が２つ（wrote／was found）あるので、that は接続詞の働きをしていることになる。さらに、that のカタマリには主語が無いので、that は関係代名詞とわかる。もちろんカタマリは２つ目の動詞（was found）の前までだよ！
◎「the other ～」は、**２人や２つの物**などについて話をしているときに、「もう一方の～」という意味で使うんだ。これも長文では頻出表現なのでしっかり覚えておこう。

設問の解答

設問 質問に対する答えとして最も適当なものを選びましょう。

What did the two groups of college students do?
正解 a: { ① One group wrote about painful events }, and { ② the other one wrote about shoes }.
　　 b: { ① One group went to a researcher's room }, and { ② the other one wrote essays on health }.
　　 c: { ① One group wrote about health }, and { ② the other one wrote about shoes }.
　　 d: { ① One group put on shoes }, and { ② the other one wrote essays about painful events }.

【訳】2つの大学生のグループは何をしたか。
　　a: {①一方のグループは苦痛な出来事について書き}、{②もう一方のグループは靴について書いた}。
　　b: {①一方のグループは研究者の部屋に行き}、{②もう一方のグループは健康についてのレポートを書いた}。
　　c: {①一方のグループは健康について書き}、{②もう一方のグループは靴について書いた}。
　　d: {①一方のグループは靴を履き}、{②もう一方は苦痛な出来事についてレポートを書いた}。

解説

❸文目に「**One group**」がしたことが書いてあり、❹文目に「**The other group**」がしたことが書いてある。
その2文から、解答は a だとわかるよね。
他の選択肢 b・c・d は、本文のどこにも書いていない。
本文に書いていないことは正解にはならないから、
まずはシッカリ本文を理解するための読解力を磨いていこうね！
ちなみに、「**One ..... . The Other** 〜 . = 一方は ..... 。もう一方は〜。」
は**対比**の関係といって、入試でよく狙われるポイントなんだ。
対比の関係にある文は**逆の内容になる**のが基本だからね。この文では、
「重いテーマのレポート」と「軽いテーマのレポート」が対比されているよね。
これからは、本文にこのような対比が出てきたら、すかさずチェックし、
カタマリ読みで正確に文章を読む習慣をつけよう！

第9講 れんしゅう ③

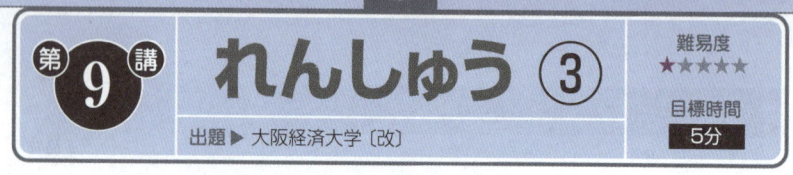

出題 ▶ 大阪経済大学〔改〕

難易度 ★★★★★
目標時間 5分

問題 次の英文を読んで下の設問に答えましょう。

　During winter, some people feel unhappy and have trouble concentrating. Doctors call these winter blues SAD, or Seasonal Affective Disorder. Scientists believe that people get SAD because there is less daylight in winter than in other seasons.

　This lack of light can affect the body. To help people with SAD, doctors find ways for them to get more light. For example, patients could sit in front of a light box or spend more time outside.

設問（　　）内に入るのに最も適当なものを選びましょう。

(1) The main idea of this passage is that (　　).
　　a: doctors tell people to concentrate
　　b: people need help in winter
　　c: people need to exercise
　　d: less light makes some people feel sad

(2) People with SAD need (　　).
　　a: more fresh air
　　b: more light
　　c: more doctors
　　d: more scientists

重要語句チェック

❶文目
- during ~ ：前 ~の間じゅう
- some people ..... ：熟 ..... という人もいる
- have trouble (in) Ving ：熟 V するのに苦労する

❷文目
- blues ：名 憂うつ
- call O C ：熟 O を C と呼ぶ
- seasonal ：形 季節ごとの
- affective ：形 情動的な, 感情の
- disorder ：名 障害, 混乱

❸文目
- daylight ：名 日光
- there is[are] 単数名詞 [複数名詞] + 場所
  ：熟 場所 に 名詞 がある [いる]
  ※「there is ~」は、~の部分が S になる特殊な文
- less A than B ：熟 B よりも A が少ない

❹文目
- lack of ~ ：熟 ~不足
- affect ：動 影響を与える

❺文目
- with ~ ：前 ~を持った

❻文目
- for example = for instance ：熟 例えば
- patient ：名 患者
- could V原 ：熟 V してもよい
- sit - sat - sat ：動 座る
- in front of ~ ：熟 ~の前に
- spend 時間 ：熟 時間 を過ごす
  (spend - spent - spent)

英文の構造と意味

❶ (During winter), some people { ① feel unhappy } and { ② have trouble concentrating }.

　▶ （冬の間じゅう）、{①悲しくなったり}{②集中するのに苦労する} 人がいる。

❷ Doctors call these winter blues { ① SAD }, or { ② Seasonal Affective Disorder }.

　▶ 医者はこれらの冬の憂うつを{① SAD}、すなわち{②季節性情動障害} と呼ぶ。

❸ Scientists believe [that people get SAD (because there is less daylight in winter than in other seasons)].

　▶ 科学者は、[（他の季節よりも冬は昼光が少ないので）、人々は SAD になる] と信じている。

❹ This lack of light can affect the body.

　▶ この光の不足は肉体に影響を与えかねない。

❺ (To help people with SAD), doctors find ways for them to get more light.

　▶ （SAD にかかっている人々を助けるために）、医者は彼らがより多くの光を得る方法を見つけるのだ。

❻ (For example), patients could { ① sit in front of a light box } or { ② spend more time outside }.

　▶ （例えば）、患者が {①ライトボックスの前に座ってもよいし}、または {②より多くの時間を外で過ごすのもよい}。

読解のポイント

❶ ◎ **S V** の前に置けるのは副詞のみ→（During winter）
◎ and は後ろと前で同じ形を並べ、「① and ②」となる！　この文は、②が動詞 have で始まっているので、①も動詞 feel から and の前までとわかるよね。

❷ ◎ or も and と同じように、① or ②になるんだ。だから、②が**名詞** Seasonal Affective Disorder なので、①も**名詞** SAD になるんだよ。
◎① or ②は「①または②」「①すなわち②」という 2 つの意味を覚えよう！
◎「call **O C** = **O** を **C** と呼ぶ」の **C** が or で並べられている点に注目！

❸ ◎動詞が 3 つ（believe／get／is）あるので、接続詞は 2 つ必要だよね。
【that】他動詞「believe = 〜を信じる」の「〜を（目的語）」の位置にあるので、ピリオドまで名詞のカタマリを作っている！
【because】接続詞は副詞のカタマリを作るので、because からピリオドまで副詞のカタマリ！

❹ ◎ can は「①可能（できる）・②可能性（可能性がある）・③許可（してもよい）」の 3 つの意味を覚えてね！　この文のように、長文では②の**「可能性」の意味で使うことが多い**よ。

❺ ◎ **S V** の前に置けるのは副詞のみ→（To V原）は不定詞の副詞的用法。
◎不定詞の副詞的用法で、**S V** の前に置けるのは**「目的」「条件」**の 2 つのみ。しかも、条件は仮定法の文で使うのが一般的なので、この文の（To V原）は「**V するために・V するように**」という目的の意味だとわかる！
◎「ways for 人 to V原 ＝ 人 が **V** する方法」は、P.113 でやった「a way to V原」に不定詞の意味上の **S** が付いた形だよ。

❻ ◎②が動詞 spend で始まっているので、①は動詞 sit から or の前まで。spend が原形なので、過去形の could も①に入れないように注意！

設問の解答

設問（　　）内に入るのに最も適当なものを選びましょう。

(1) The main idea of this passage is that (　　).
 a: doctors tell people to concentrate
 b: people need help in winter
 c: people need to exercise
 正解 d: less light makes some people feel sad

【訳】この文章の主な考えは、(　　)ということである。
 a: 医者が人々に集中するように言う
 b: 人々は冬に助けを必要とする
 c: 人々は運動が必要である
 d: 日光不足により、悲しくなってしまう人もいる

(2) People with SAD need (　　).
 a: more fresh air
 正解 b: more light
 c: more doctors
 d: more scientists

【訳】SAD にかかっている人々は（　　）が必要である。
 a: より多くの新鮮な空気
 b: より多くの光
 c: より多くの医者
 d: より多くの科学者

解説

(1)

❶文目は、**その長文のテーマであることが多い**んだ。
最初の文は「冬の間じゅう、悲しくなったり、集中するのに苦労する人もいる」という話題（テーマ）で始まっているよね。
そのあとの文は、テーマに沿って「その名称→その原因→その治療法」と話が展開しているので、**main idea** は d だよね。

a: →　集中できない人に医者は治療法を見つけてあげるので×。
b: →　「**people**」では一般人全体を指すことになるので×。
c: →　「**people**」では一般人全体を指してしまうし、**exercise** に関して本文では触れていないので、もちろん×。

重要表現チェック

a:	☐ **tell** 人 **to V**原	:熟 人に **V** するように言う
c:	☐ **need to V**原	:熟 **V** する必要がある
	☐ **exercise**	:動 運動する
d:	☐ **S make** 名詞 **V**原	:熟 **S** のせいで、名詞は **V** する

(2)

❸文目に「科学者は、他の季節よりも冬は昼光が少ないので、人々は **SAD** になると信じている」とあり、
❺文目には「**SAD** にかかっている人々を助けるために、医者は彼らがより多くの光を得る方法を見つけるのだ」とあるので、
SAD は日光不足が原因で、治療にはより多くの日光が必要だとわかるよね。だから b が正解！

重要表現チェック

a:	☐ **fresh**	:形 新鮮な

第10講 れんしゅう ④

出題 ▶ 大阪経済大学（経済学部 他）〔改〕

難易度 ★★★★☆
目標時間 7分

問題 次の英文を読んで下の設問に答えましょう。

York is one of the most beautiful cities in England. It is very popular with tourists because there are so many things to see. In the centre of the city there is the York Minster, which is the largest medieval church in Europe. The building is more than 700 years old, and took 250 years to complete. The church has many large windows. One window is as big as a tennis court! Nearby is a castle, and you can walk round the city on the old castle walls. There are several museums in York too. The National Railway Museum is the most famous because it houses the biggest collection of trains and railway equipment in the UK. Recently, the museum has acquired one of Japan's first Bullet Trains.

設問 最も適当な答えを選択肢から選びましょう。

(1) York is popular with tourists for (　　　).
  a: sporting facilities
  b: historic sites
  c: amusement places

(2) How long did it take to build the York Minster?
  a: 700 years
  b: 250 years
  c: 950 years

重要語句チェック

❶文目
- [ ] one of the 最上級+複数名詞 ： 熟 最も 最上級 な 複数名詞 の１つ

❷文目
- [ ] popular ： 形 人気のある，評判のよい
- [ ] tourist ： 名 旅行者

❸文目
- [ ] the centre of ～ ： 熟 ～の中心地，～のまん中
- [ ] medieval ： 形 中世の

❹文目
- [ ] more than ～ ： 熟 ～より多い，～以上で
- [ ] complete ： 動 完成させる

❼文目
- [ ] nearby ： 副 近くに[で]
- [ ] castle ： 名 城
- [ ] wall ： 名 壁

❽文目
- [ ] several ： 形 いくつかの
- [ ] museum ： 名 博物館

❾文目
- [ ] national ： 形 国家の
- [ ] railway ： 名 鉄道
- [ ] famous ： 形 有名な
- [ ] house ： 動 所蔵する，収容する
- [ ] equipment ： 名 備品，装備

❿文目
- [ ] recently ： 副 つい最近
- [ ] acquire ： 動 獲得する
- [ ] bullet train ： 熟 新幹線

英文の構造と意味（1）

❶ York is one of the most beautiful cities in England.

▶ ヨークはイングランドで最も美しい都市の1つである。

❷ It is very popular with tourists (because there are so many things to see).

▶ （非常にたくさん見る物があるので）、旅行者にとても人気がある。

❸ (In the centre of the city) there is the York Minster, 〈which is the largest medieval church in Europe〉.

▶ （その都市の中心には）ヨーク大聖堂があり、〈それはヨーロッパで最も大きな中世の教会である〉。

❹ The building { ① is more than 700 years old }, and { ② took 250 years to complete }.

▶ その建物は ｛①築700年以上であり｝、｛②完成に250年かかった｝。

❺ The church has many large windows.

▶ その教会にはたくさんの大きな窓がある。

❻ One window is as big as a tennis court!

▶ 1つの窓はテニスコートと同じくらい大きいのだ！

読解のポイント（1）

❶ ◎重要表現「one of the 最上級 複数名詞」は、最上級の後ろに**複数**名詞がきていることに注意して覚えてね！

❷ ◎重要表現「there is 〜」は、be動詞の後ろの「〜」の部分が主語になるちょっと変わった表現なんだ。「there **is** 単数名詞」「there **are** 複数名詞」のように、be動詞の後ろの名詞が単数か複数かでbe動詞の形が変わるところに**注意**だよ。

❸ ◎関係詞の直前にカンマがあるときは、カンマまでを先に訳して、関係詞のカタマリは補足説明のようにあとから訳すんだ。この文では、「, which is ..... 」のカタマリで、「ヨーク大聖堂」とはどのような大聖堂なのかを補足的にあとから説明しているんだよ。

❹ ◎ and の後ろの②が動詞 took で始まっているので、①は動詞 is から and の前までとなるよね。

❺ ◎「the」は「前に1度出てきた名詞」に付くのが1番基本的な使い方なんだ。つまり、The church は前に1度出てきた教会ということになるので、The church = the York Minster となることを確認しておこう！

> ※**the** ①**前に1度出てきた名詞**に付く
> ②「the sun」のように、**誰もが「あれか！」とわかるもの**に付く
> ③**後ろに形容詞のカタマリが付いている名詞**に付く

❻ ◎「as 形容詞[副詞] as ..... = ... と同じくらい 形容詞[副詞] だ」という比較の重要表現なのでシッカリ頭に入れておこう！

英文の構造と意味(2)

❼ { ① (Nearby) is a castle }, and { ② you can walk round the city on the old castle walls }.

▶ {①（近くには）城があり }、{②古い城壁に沿って歩けば、都市を一周することができる }。

❽ There are several museums in York too.

▶ ヨークにはいくつかの博物館もある。

❾ The National Railway Museum is the most famous (because it houses the biggest collection of { ① trains } and { ② railway equipment } in the UK).

▶ 国立鉄道博物館は、（ {①電車 } や {②鉄道備品 } の、英国で最大のコレクションを所蔵しているので）、最も有名である。

❿ (Recently), the museum has acquired one of Japan's first Bullet Trains.

▶ （最近では）、その博物館は日本の最初の新幹線の１つを手に入れた。

読解のポイント(2)

❼ ◎①はもともと「A castle is nearby」という文だったんだ。でも、「近くに」を強調したいので Nearby を文頭に持ってきたんだ。このとき、後ろの **S V** が「**V S**」と**疑問文のような語順になる**ことに注目！

　このように、強調したい語句を前に持ってくると、後ろの語順が疑問文のような語順になることを**倒置**というんだよ。

❽ ◎「several ＝いくつかの」なので、後ろの名詞が**複数形**になることに注目！もちろん「There are 複数名詞」という形になっていることにも注目だよ！

❾ ◎「① and ②」は①と②が同じ形なので、{① trains} and {② railway equipment} のように名詞を並べているのがわかる。

　そして、文末にある in the UK は、①と②の両方にかかっていることになるので、「英国の {①電車} や {②鉄道備品}」となっているところに注意！

◎「because it houses .....」の it は、前の文（＝ The National Railway Museum is the most famous）の名詞を指す代名詞なので、「it ＝ The National Railway Museum」となっていることもチェックしておこう！

　代名詞が何を指しているのか迷うときは

the National Railway Museum houses the biggest collection.
（国立鉄道博物館は最大のコレクションを所蔵している）

のように、代入して考えるとわかりやすいよ。

❿ ◎「one of 複数名詞」も one of の後ろが 複数名詞 であることに注目！

設問の解答

設問　最も適当な答えを選択肢から選びましょう。

(1) York is popular with tourists for （　　）.
　　a: sporting facilities
　正解 b: historic sites
　　c: amusement places

【訳】ヨークは（　　）のために旅行者に人気がある。
　　a: スポーツ施設
　　b: 歴史的な場所
　　c: 娯楽場

(2) How long did it take to build the York Minster?
　　a: 700 years
　正解 b: 250 years
　　c: 950 years

【訳】ヨーク大聖堂を建てるのにどのくらいの期間がかかりましたか。
　　a: 700年
　　b: 250年
　　c: 950年

解説

(1)
❷文目で「**非常にたくさん見る物がある**ので、旅行者にとても人気がある」と書いてあり、❸文目と❹文目から、見る物の1つが歴史ある「ヨーク大聖堂」であることがわかる。
さらに、❼文目で「古い城」が登場し、最後の❿文目では「日本の最初の新幹線」という歴史を感じさせる古い物を展示する博物館まで登場しているので、解答は b でバッチリだよね。

重要表現チェック

a: □ **facility** ：名 施設，設備
b: □ **historic** ：形 歴史的な
　　□ **site** ：名 場所
c: □ **amusement** ：名 楽しみ，娯楽

(2)
これは❹文目に「完成に250年かかった」とバッチリ書いてあるので、間違いなく b が正解！

重要表現チェック

□ **It takes（人）時間 to V原**
　：熟 (人が) V するのに 時間 かかる
□ **How long does it take（人）to V原 ..... ?**
　：熟 (人が) V するのにどのくらい 時間 がかかりますか
　※かかる時間がわからないとき、その時間をたずねる表現

第11講 れんしゅう ⑤

出題 ▶ 浜松大学（経営情報／国際経済学部）〔改〕

難易度 ★★★★★
目標時間 8分

問題 次の英文を読み下の設問に答えましょう。

　A Japanese newspaper reported that some traditionally cold beverages, such as sports drinks, are now being served hot in PET bottles in winter in Japan. Japanese beverage companies have been selling hot new items to cope with the cold weather and the cool economy. The companies expect brisk sales of their hot drinks in PET bottles in winter.

　In the middle of November 2002, one Japanese beverage company introduced a hot version of its performance drink. It quickly became very popular that winter. To get the full flavor, this hot drink contains 13 percent more calories per 100 milliliters than the cold version. Another company also started selling its specialized hot sports drink in March 2003. "People have a high requirement for these drinks when they have caught a cold, and we decided to add this product," the company's spokesman said.

　Hot beverages in PET bottles have spread since October 2000, when the trend began with one company's green tea.

設問 本文の内容と一致するものは○、一致しないものは×と答えて下さい。

a: Japanese beverage companies expect a lot of sales of hot drinks in winter.
b: Hot drinks appear healthier than cold ones.
c: Only performance drinks and sports drinks are sold hot.
d: The first hot PET bottle drink appeared in the stores in 2000.

重要語句チェック

❶文目
- [ ] report : 動 報道する，報告する
- [ ] traditionally : 副 伝統的に
- [ ] beverage : 名 飲み物
- [ ] such as ~ : 熟 例えば~のような
- [ ] serve : 動 供給する

❷文目
- [ ] item : 名 商品，品物
- [ ] cope with ~ : 熟 ~に対抗する，~を処理する
- [ ] economy : 名 経済

❸文目
- [ ] expect : 動 期待する
- [ ] brisk sales : 熟 好調な売り上げ

❹文目
- [ ] introduce : 動 紹介する，登場させる
- [ ] performance : 名 収益率，性能，実行

❻文目
- [ ] flavor : 名 風味
- [ ] contain : 動 含む
- [ ] per ~ : 前 ~につき

❽文目
- [ ] requirement : 名 要求
- [ ] catch a cold : 熟 風邪をひく
- [ ] add : 動 加える
- [ ] product : 名 製品

❾文目
- [ ] spread : 動 広がる
- [ ] trend : 名 傾向

英文の構造と意味（1）

❶ A Japanese newspaper reported [that some traditionally cold beverages, such as sports drinks, are now being served hot in PET bottles in winter in Japan].

▶ ある日本の新聞が、[スポーツドリンクのようないくつかの伝統的には冷たい飲み物が、日本では冬にペットボトルに入った温かい状態で現在売られている]と報道した。

❷ Japanese beverage companies have been selling hot new items ⟨to cope with {① the cold weather} and {② the cool economy}⟩.

▶ 日本の飲料会社は、⟨{① 寒い天候} と {② 冷えこんだ経済} に対抗するための⟩温かい新商品を売っている。

❸ The companies expect brisk sales of their hot drinks in PET bottles in winter.

▶ その会社は、冬にペットボトルに入った温かい飲み物が好調に売れることを期待している。

❹ (In the middle of November 2002), one Japanese beverage company introduced a hot version of its performance drink.

▶ (2002年11月中頃)、ある日本の飲料会社が収益率の高い飲み物のホット版を出した。

❺ It quickly became very popular that winter.

▶ それはその冬すぐに大人気となった。

❻ (To get the full flavor), this hot drink contains 13 percent more calories per 100 milliliters than the cold version.

▶ (豊かな風味を得るために)、この温かい飲み物は冷たいものよりも100mlあたり13％多くのカロリーを含んでいる。

読解のポイント（1）

❶ ◎動詞が2つ（reported／are being served）なので、接続詞は1つだよね。
【that】他動詞 reported（～を報道した）の「～を」の位置にあるので、that が名詞のカタマリを作り、日本の新聞が that のカタマリを報道したことがわかるよね。
◎「 名詞A , such as 名詞B ＝ 名詞A 、例えば 名詞B 」のように、名詞 A に**具体的な例を付け加える**ときに such as を使ったりするんだ。
◎「be being V$_{pp}$」は、進行形「be Ving」＋受動態「be V$_{pp}$」の形で、「V されているところだ」という意味になるんだよ。
※ V$_{pp}$ ＝動詞の過去分詞形
◎ちなみに、「PET」は、「**p**ol**y**ethylene **t**erephthalate（ポリエチレン テレフタレート）」というプラスチックの略称だよ。これで今日から、物知り博士！

❷ ◎「have been Ving」は、現在完了形「have V$_{pp}$」＋進行形「be Ving」の形で、「（ずっと）V している」という意味になるんだ。

❸ ◎ The は、基本的に前に一度出た名詞に付くんだったよね（P.131）。
今回は、前に一度出た Japanese beverage companies ＝ The companies となっていることを読み取っておこう。

❹ ◎場所や時を表す副詞は文頭か文末に置く！
→（In the middle of November 2002）, **S V**

❺ ◎「become C」は、それまではそうでなかったものが「C（の状態）になる」という変化を表す働きもするので、チェックしておこう！

❻ ◎文頭に置くことができる不定詞の副詞的用法は、**目的と条件だけ**だったよね。そして、条件は仮定法の文で使うのが一般的なので、この文は目的の意味で使っているんだ。

つづく▶

英文の構造と意味(2)

❼ Another company also started selling its specialized hot sports drink (in March 2003).

▶ 他の会社もまた、(2003年3月に、)特別に作られた温かいスポーツドリンクを売りはじめた。

❽ " ｛① People have a high requirement for these drinks (when they have caught a cold)｝, and ｛② we decided to add this product ｝," the company's spokesman said.

▶ 「｛①（風邪をひいたとき）、人々はこれらの飲み物に高い要求を持っており｝、｛② 我々はこの商品を加えることを決めた｝」と、会社の代表者は言った。

❾ Hot beverages in PET bottles have spread since October 2000, (when the trend began with one company's green tea).

▶ ペットボトルのホット飲料は、2000年10月から広まったが、(その時期、その傾向は、ある会社の緑茶から始まったのだ）。

読解のポイント(2)

❼ ◎ another はたくさんある中の 1 つという意味なので、「another company ＝ たくさんある他の会社の中の 1 社」というニュアンスになるんだ。

❽ ◎「① and ②」の①を「they have caught a cold」だと思った人は、「①, and ②」になっているのに注目しよう！

　カンマは、**そこに文の切れ目がある**と教えてくれているので、and の前までを 1 つのカタマリと考えよう。そうすれば、①が People have から and の前までだとわかるよね。

　もちろん、カンマがなくても今回のようになる場合もあるので、「① and ②」のカタマリを作ったら、**意味がおかしくないかどうか確認してみよう！**

◎ふつうは「The company's spokesman said, " ….. "」という語順になるけど、今回のように最初にセリフがきて、

「" ….. ," the company's spokesman said.」

という語順でも OK なんだ。

※❽の文は、" ….. "全部が他動詞 said の目的語なんだけど、あえて " ….. " の中の構造に注目して色分けしてみました！

❾ ◎「….. , when S V」は関係副詞の非制限用法。**非制限用法＝カンマ付きの関係副詞**は、**接続詞＋副詞のように、補足的に訳してあげればいい**んだ。

　先行詞は時を表すコトバ「October 2000」なので、「そしてそのとき、その傾向がある会社の緑茶から始まった」が直訳になるんだよ。

設問の解答

設問 本文の内容と一致するものは○、一致しないものは×と答えて下さい。

- ○ a: Japanese beverage companies expect a lot of sales of hot drinks in winter.
- × b: Hot drinks appear healthier than cold ones.
- × c: Only｛① performance drinks｝and｛② sports drinks｝are sold hot.
- ○ d: The first hot PET bottle drink appeared in the stores in 2000.

【訳】

- ○ a: 日本の飲料会社は冬に温かい飲み物がたくさん売れると期待している。
- × b: 温かい飲み物は冷たい飲み物よりも健康的であるように思われる。
- × c:｛①収益率の高い飲み物｝と｛②スポーツドリンク｝だけがホットで売られている。
- ○ d: 最初の温かいペットボトル飲料は2000年に商店に現れた。

解説

本文の内容と一致するのは a と d だよね。それ以外は×なんだ。
では、本当にそうなのか、1つずつ検証していこう！

a: → ○ : ❸文目に「その会社は、冬にペットボトルに入った温かい飲み物が好調に売れることを期待している。」とある。さらに、読解のポイントにも書いたように、**The companies** は、日本の飲料会社を指すので○！

b: → × : ❻文目に「温かい飲み物は冷たいものよりも 100ml あたり 13%多くのカロリーを含んでいる」と書いてあるので、健康的とはいえない。よって×。

c: → × : ❾文目に「緑茶」も書いてあるので×。基本的に物事には例外があるはずなので、「**only** = ～だけ」のような限定的なコトバが入っている選択肢は答えにならないことが多い。

d: → ○ : ❾文目を見れば、温かいペットボトル飲料は 2000 年の 10 月から広まった（＝つまり商店に現れた）のがわかるので○。内容一致問題の選択肢は、本文の表現を少し変えて出題されることが多いので要注意！

重要表現チェック

b: ☐ **appear C**	熟	C のように思える
d: ☐ **appear**	動	現れる

第12講 れんしゅう ⑥

出題 ▶ 奈良産業大学 〔改〕

難易度 ★★★★★
目標時間 8分

問題 次の英文を読んで下の設問に答えましょう。

　I came to England last summer. I have been in England for eleven months. I am going to finish my studies in England soon, and will leave for Japan next month.

　At first it was very difficult for me to communicate with other people in English. Now I can speak English much better, and even understand English television, because I have studied hard and my teachers and classmates have helped me a lot.

　I have many English friends now. Some of them have often invited me to dinner at their houses. They are really interested in Japan and Japanese people. Every time they ask me a lot of questions, I realize how little I know about my own country.

　I have been very happy this year. I have taken trips to many places all over Britain and enjoyed playing football.

　Now I must say good-bye. I will never forget my friends in England.

設問 本文の内容と一致するものを2つ選び記号で答えましょう。

a: I will go back to Japan this summer.
b: I will come back to England to see my friends again.
c: I have learned a lot about my own country.
d: I have traveled all around Britain.
e: I have often played baseball with my English friends.

重要語句チェック

❷文目
- [ ] have been in ~ ：熟 ~に滞在している，~に住んでいる

❸文目
- [ ] leave for ~ ：熟 ~へ向かって出発する

❹文目
- [ ] at first ：熟 最初は
- [ ] it is 形容詞 (for ~) to V原 ：熟 (~にとって) Vするのは 形容詞 だ
- [ ] difficult ：形 難しい
- [ ] communicate with ~ ：熟 ~と意見を伝え合う

❺文目
- [ ] much + 比較級 ：熟 はるかに 比較級
- [ ] even ..... ：副 ..... でさえ

❼文目
- [ ] some of ~ ..... ：熟 ~の中には ..... という人もいる
- [ ] invite 人 to 場所 ：熟 人 を 場所 へ招待する

❽文目
- [ ] be interested in ~ ：熟 ~に興味がある

❾文目
- [ ] every time S V ：接 S が V するたびに
- [ ] realize ：動 はっきり理解する
- [ ] own ：形 自身の

⓫文目
- [ ] take a trip to ~ ：熟 ~へ旅行する

⓭文目
- [ ] never ..... ：副 決して ..... ない
- [ ] forget ：動 忘れる

英文の構造と意味（1）

❶ I came to England last summer.

▶ 私は去年の夏にイギリスへやって来た。

❷ I have been in England for eleven months.

▶ 私は11ヶ月間イギリスに滞在している。

❸ I ｛① am going to finish my studies in England soon｝, and ｛② will leave for Japan next month｝.

▶ 私は ｛①もうすぐイギリスでの勉強を終え｝、｛②来月日本に向けて発つ予定だ｝。

❹（At first）it was very difficult ［for me to communicate with other people in English］.

▶（最初は）［私にとって英語で他の人たちと意思の疎通をはかること］はとても難しかった。

❺（Now）I can ｛① speak English much better｝, and ｛② even understand English television｝,（because ｛① I have studied hard｝ and ｛② 《① my teachers》 and 《② classmates》 have helped me a lot｝）.

▶（現在）私は ｛①英語をはるかに上手に話すこと｝ や、｛②英語のテレビを理解することさえ｝ できる。(なぜなら ｛①一生懸命に勉強している｝ し、｛②《①先生》や《②同級生》が色々と手助けしてくれた｝ からだ)。

❻ I have many English friends now.

▶ 私には現在イギリス人の友達が大勢いる。

練習⑥ ▶ 問題 ▶ 重要語句 ▶ 英文構造 ▶ ポイント ▶ 解答 ▶ 解説 END

読解のポイント（１）

❶ ◎**場所・時**を表す副詞は文頭か文末に置く→文末に（last summer）
　※ 場所・時 を表す副詞が両方ある場合→（ 場所 + 時 ）の順番

❷ ◎「have + V_{pp} ..... for 期間 = 期間 の間（ずっと）**V** している」という**現在完了の「継続」**の意味になる！

❸ ◎今回の and は②が動詞 will leave で始まっているので、①は am going to finish から and の前までだね。だんだん慣れてきた？

❹ ◎ **S V** の前に持ってこれるのは副詞のみ→（At first）
　◎「it is 形容詞 (for ～) to V原」の **it は形式主語** → it の後ろにある本当の主語のカタマリ **[(for ～) to V原]を指している**！
　　it は日本語に**訳さず**、[(for ～) to V原]を主語として訳すからね！

❺ ◎【1 番目の and】「① and ②」や「① or ②」は、基本的に**②の先頭にある副詞は無視して考える**。つまり、even を無視すると②は動詞 understand で始まっているので、①は動詞 speak から and の前までと考えればいいんだ。
　◎ much better →「than ～」が省略された比較級は、文脈から「than ～」を考えるんだ。ここは、「現在、私は～」という文なので、「昔の私」と比べていると想像できるよね。つまり、「現在、私は**以前の私よりも**英語をはるかに上手に話すことができる。」という感じになるんだね。
　◎（because **S V**）を今回はあとで訳しているけど、「, because **S V**」のようにカンマがあるときは、カンマまでを先に訳してあげると綺麗な訳になるんだ。

❻ ◎**数えられる名詞**で「たくさんの～」= many + 複数名詞
　　数えられない名詞で「たくさんの～」= much + 単数名詞

第12講 れんしゅう⑥

つづく ▶

147

英文の構造と意味(2)

❼ Some of them have often invited me to dinner at their houses.

　▶ 彼らの中には、しばしば自分の家の夕食に私を招待してくれる人もいた。

❽ They are really interested in { ① Japan } and { ② Japanese people }.

　▶ 彼らは {①日本} や {②日本人} に本当に興味を持っている。

❾ (Every time they ask me a lot of questions), I realize [how little I know about my own country].

　▶ （彼らが私にたくさん質問するたびに）、私は［自分の国についてほとんど知らないということ］に気づく。

❿ I have been very happy this year.

　▶ 私は今年大変幸せだ。

⓫ I have { ① taken trips to many places all over Britain } and { ② enjoyed playing football }.

　▶ 私は {①イギリス中のたくさんの場所へ旅行した} し、{②フットボールをして楽しみもした}。

⓬ (Now) I must say good-bye.

　▶ （もう）行かなければならない。

⓭ I will never forget my friends in England.

　▶ 私はイギリスの友人のことを決して忘れないだろう。

読解のポイント(2)

❼ ◎「some of 人 .....」の意味は「人 の中には ..... という人もいる」。

❽ ◎副詞は泥棒みたいに長文のあちこちに入ってくるんだ。今回は副詞 really が熟語「be interested in 〜」の be の後ろに入っているのでまぎらわしいけど、熟語を見落とさないように注意だよ！

❾ ◎「ask 人 事 = 人 に 事 をたずねる」という形に注意！
◎ who、where、when、how などの疑問詞は、文中で**名詞のカタマリ**を作れる（間接疑問文）。今回は他動詞 realize の後ろで [how little S V] が**名詞（目的語）のカタマリ**になっているんだ。
◎「little = ほとんど〜ない」という否定語に注意！

❿ ◎**場所・時**を表す副詞は文頭か文末に置く→文末に (this year)

⓫ ◎ and の後ろ（②）には過去形または過去分詞形の enjoyed がきているので、and の前の過去形か過去分詞形から and の前までが①になるよね。だから「have + V_{pp}」の V_{pp}（過去分詞形）である taken からが①だとわかるんだ。

⓬ ◎「I must say good-bye now. = もうさよならを言わなければならない。」は、「もう行かなくちゃ！」とか、「もう電話を切らなくちゃ！」的な意味でよく使う会話表現なのでシッカリ覚えておこう！
◎ now は時を表す副詞なので、文頭でも文末でも OK だよ！

⓭ ◎「never V = 決して V しない」という強い否定語！

設問の解答

設問　本文の内容と一致するものを2つ選び記号で答えましょう。

- 正解 a: I will go back to Japan this summer.
- b: I will come back to England to see my friends again.
- c: I have learned a lot about my own country.
- 正解 d: I have traveled all around Britain.
- e: I have often played baseball with my English friends.

【訳】
- a: 私はこの夏日本へ帰国する予定だ。
- b: 私は再び友人に会うためにイギリスへ戻ってくる予定だ。
- c: 私は自分の国についてたくさん学んだ。
- d: 私はイギリス中を旅行した。
- e: 私はイギリス人の友人とよく野球をした。

解説

本文の内容と一致するのは a と d なんだ。
1つずつ選択肢を検証していこう！

a: → 本文の❶文目で、「**去年の夏にイギリスへ来た**」とあり、❷文目には「**11ヶ月滞在している**」とある。さらに❸文目で「**来月帰国する**」こともわかるので、**去年の夏から12ヶ月＝1年間の留学だった**ことがわかる。ということは、もちろん季節は夏なので、a は内容と一致するよね！

b: → これは本文のどこにも書かれていないよね。従って×。「本文の内容と一致するものを選ぶ」という問題なので、本文に書かれていないことは基本的に×だからね。

c: → 本文❾文目に、「自分の国についてほとんど知らないことに気づく」とある。「気づく」だけで「学んだ」とは書いていないので×！ 帰国後にたくさん学ぶのかもしれないけどね。(笑)

d: → 本文⓫文目に「イギリス中のたくさんの場所へ旅行した」とバッチリ書いてあるので、もちろん d は内容と一致するよね！

e: → 本文⓫文目に「**フットボール**」のことは書いてあるけど、**野球**に関してはどこにも書かれていないので×！

重要表現チェック

a:	☐ **go back to ～**	：熟 ～へ戻っていく
b:	☐ **come back to ～**	：熟 ～へ戻ってくる
c:	☐ **learn**	：動 学ぶ
d:	☐ **travel**	：動 旅行する

第13講 れんしゅう ⑦

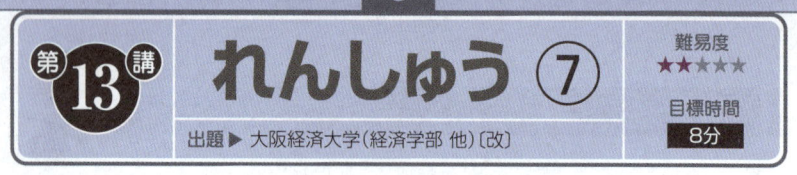

出題 ▶ 大阪経済大学(経済学部 他)〔改〕

難易度 ★★★★★
目標時間 8分

問題 次の英文を読んで下の設問に答えましょう。

　There are two very popular expressions in English these days that have to do with ability and achievement. The first is "overachiever." Overachievers are people who have almost too much ambition. They want to get ahead — often at all costs — in many different fields. They want to make the most of their abilities and talents. They have all kinds of energy and tend to be "workaholics." "Underachievers," on the other hand, never seem to live up to their potential. They may have what it takes, but don't always use it. They are usually satisfied to be followers, not leaders — spectators, not players.

　What is ability, talent, genius? Why do some people have so much more — or less — than others? How can we turn our abilities and talents into achievement?

設問（　　）内に入るのに最も適当なものを選びましょう。

(1) "Overachievers" are people who (　　).
　　a: don't put out their hands to anything
　　b: take a negative attitude to life
　　c: want to get too much out of life

(2) The best title for this passage is "(　　)".
　　a: Overachievers' Strong Points
　　b: Ability and Achievement
　　c: Genius is Most Valuable

重要語句チェック

❶文目
- expression : 名 表現
- these days : 熟 このごろ
- have to do with ~ : 熟 ~と関係がある
- ability : 名 能力
- achievement : 名 成功, 達成

❸文目
- ambition : 名 大望, 野心

❹文目
- get ahead : 熟 成功する
- at all costs : 熟 どんな犠牲を払ってでも
- field : 名 分野

❺文目
- make the most of A : 熟 A を最大限に活かす
- talent : 名 (生まれつきの) 才能

❻文目
- tend to V原 : 熟 V する傾向にある
- workaholic : 名 仕事中毒

❼文目
- on the other hand : 熟 他方では
- live up to ~ : 熟 ~に従って生きる
- potential : 名 潜在能力

❾文目
- be satisfied to V原 : 熟 V して満足している
- follower : 名 従者, 子分
- spectator : 名 見物人

❿文目
- genius : 名 (生まれつきの創造的)才能, 天賦の才

英文の構造と意味（1）

❶ There are two very popular expressions in English these days ⟨ that have to do with { ① ability } and { ② achievement } ⟩.

▶ このごろ、⟨ {①能力} や {②成功} に関係のある ⟩ とてもよく使われる英語の表現が 2 つある。

❷ The first is "overachiever."

▶ まず最初は、「overachiever」である。

❸ Overachievers are people ⟨ who have almost too much ambition ⟩.

▶ overachievers とは ⟨ 必要以上に多くの野心を持つ ⟩ 人たちのことである。

❹ They want to get ahead — often at all costs — in many different fields.

▶ 彼らは様々な分野で、しばしばどんな犠牲を払ってでも、成功したいと思っている。

❺ They want to make the most of their { ① abilities } and { ② talents }.

▶ 彼らは自分の {①能力} や {②才能} を最大限に活かしたいと思っている。

❻ They { ① have all kinds of energy } and { ② tend to be "workaholics." }

▶ 彼らは {①あらゆる種類の能力を持ち}、{②「仕事中毒」になる傾向にある}。

読解のポイント（1）

❶ ◎文が複雑で先行詞がわからないときは、「**関係代名詞のカタマリの中で抜けてしまっている名詞＝先行詞と同じ名詞**」なので、カタマリの意味を考えて先行詞を見極めればいいんだ。

　今回は「○○は、能力や成功に関係がある」とあり、さらに動詞 have に 3 単現の s が付いていないところに目をつければ、先行詞は「English」ではなく、複数の「two very popular expressions」だとわかるよね。

❷ ◎"クオーテーション・マーク"は、「カギ括弧」の役割！

　クオーテーション・マークの中は、文脈によって、**日本語に訳す場合**と、**英語のままで残して訳す場合**があるんだ。

　今回は、❶文目で「**英語の表現**がある」とあるので、英語のままで訳してOK！

❸ ◎too はマイナスイメージの very のような意味を持つので、「あまりにも ..... すぎる，必要以上に .....」のような意味になる。

❹ ◎ダッシュ（― ←この横棒のこと）とダッシュで挟まれた部分は、補足説明のような働きをするので、和訳問題を解くときも、句読点ではさんで補足的に訳してあげればいいんだよ。

❺ ◎主語が複数 They なので、能力や才能も abilities、talents と複数になっている点に注目。人それぞれ能力や才能は違う（能力や才能は複数ある）んだから、複数形になるのは当然だよね！

❻ ◎"workaholics" は、❷文目の "overachiever" と違って、英語のまま残す意味がないので、下線部和訳の問題などでは日本語にしてしまおう！

英文の構造と意味(2)

❼ "Underachievers," (on the other hand), never seem to live up to their potential.

▶ （一方で）、「underachievers」は、自分の潜在能力に従って生きるようには決して思えない。

❽ They { ① may have what it takes }, but { ② don't always use it }.

▶ 彼らは {①必要な能力を持っているかもしれない } が、{②必ずしもそれを使うとは限らない }。

❾ They are usually satisfied to be followers, not leaders — spectators, not players.

▶ 彼らはたいてい、先導者ではなく従者、選手ではなく見物人でいることに満足している。

❿ What is ability, talent, genius?

▶ 能力、才能、天賦の才とは何であろうか。

⓫ Why do some people have so much more — or less — than others?

▶ なぜ他の人よりもはるかに多く持っている、もしくは乏しい、人がいるのだろうか。

⓬ How can we turn our { ① abilities } and { ② talents } into achievement?

▶ どのようにしたら我々は自分たちの {①能力 } や {②才能 } を成功に変えることができるのであろうか。

読解のポイント（2）

❼ ◎ "Underachievers" は、対比・逆接の記号「on the other hand」と、そのあとの文の内容から、❶文目で述べている「2 つの英語の表現」の 1 つだとわかるので、英語のままで OK！

❽ ◎「have what it takes ＝ （ある目的に）必要な能力を持っている」（慣用表現）
◎「not always ..... ＝ 必ずしも ..... とは限らない」は重要表現なので、必ず覚えておこう！

❾ ◎「**B**, not **A** ＝ not **A** but **B**」は「**A** ではなくて **B**」という重要表現！ **B** の方が重要な情報となるので、シッカリと形を覚えておこう！
◎ダッシュ（ ── ←この横棒）は、前に出た名詞の**補足説明**をするときにも出てくるんだ。だから、ダッシュの前までを先に訳してから、補足的にダッシュの後ろを訳してあげよう。

❿ ◎この文は、もともとは「 ability, talent, genius is [？]．」という形だったんだ。この [？] の部分が「何」か知りたい。だからこの [？] を what（何）に変えて、文頭にもっていったんだよね。疑問詞を使った疑問文は、疑問詞が文頭にきて、「疑問詞＋疑問文の形 ..... ?」という形になるからね。

⓫ ◎❹文目と同じように、ダッシュとダッシュで挟まれた部分は、補足的に訳してあげればいいよね。

⓬ ◎ how は、how much や how tall のように、形容詞などとセットにして使うことが多いけど、how だけで「**方法・様子**」などをたずねるときにも使うんだ。この文では、能力や才能を成功に変える**方法**をたずねていることになるね。

設問の解答

設問　（　　）内に入るのに最も適当なものを選びましょう。

(1) "Overachievers" are people who (　　).
　　a: don't put out their hands to anything
　　b: take a negative attitude to life
　正解 c: want to get too much out of life

【訳】「過度の成功欲求者」とは、（　　）人々のことである。
　　a: 何事にもまったく手を出さない
　　b: 人生に後ろ向きな態度を取る
　　c: 人生から必要以上に多くを得たいと思っている

(2) The best title for this passage is "(　　)".
　　a: Overachievers' Strong Points
　正解 b: Ability and Achievement
　　c: Genius is Most Valuable

【訳】この文章に最も適切な題名は『(　　)』である。
　　a:「過度の成功欲求者」の強み
　　b: 能力と成功
　　c: 才能は非常に価値がある

解説

(1)

❸文目に「必要以上に多くの野心を持つ人たち」とあり、❹文目に「様々な分野で、どんな犠牲を払ってでも、成功したい」とあるので、正解は c だよね。

a: →　❺文目に「能力や才能を最大限に活かしたいと思っている」とあり、むしろ積極的に動くタイプの人間だとわかるので×。

b: →　a 同様、❺文目から積極的なタイプの人間とわかるので×。

重要表現チェック

a:	☐ **put out ~**	：熟 (手など) を出す
b:	☐ **negative**	：形 消極的な，後ろ向きな
	☐ **attitude**	：名 態度
c:	☐ **out of ~**	：熟 ～から

(2)

「文章の一部しか指さない題名」「本文よりも広いテーマになってしまう題名」「本文と関係のない題名」は**題名に選んではダメ**なんだ。

この文章は、❶文目「能力・成功に関する2つの英語表現」というテーマで始まり、「**overachiever**」と「**underachiever**」に分けて、能力と成功に関する話を展開し、⓬文目で「能力・才能を成功に変えるにはどうしたらいいか」という疑問を投げかけて終わっているので、題名は b が最も適切だよね。

a は本文の一部しか指さないし、c は本文に書いてないので×。

重要表現チェック

c:	☐ **valuable**	：形 価値がある

第13講 れんしゅう⑦

英語長文のための補講 -2
内容一致問題の注意点

みんなが苦手な問題の1つに、本文と同じ内容を表している選択肢を選ぶという「内容一致問題」があるけど、正確に解くためには色々な点に注意して長文を読まなくちゃダメなんだ。
ここでは超重要な3つの注意点をおさえておこう！

「いちばんはじめの内容一致問題の注意点」

①否定語に注意！（not（ない）／ never（決して〜ない）／ seldom（めったに〜ない） など）
②限定語に注意！（all（すべての）／ only（唯一の）／ no（ひとつも〜ない） など）
③「現実」と「頭の中での想像」のすりかえに注意!
　❶ 現実＝現在形・過去形・大過去形（had V_{pp}）の文など
　❷ 頭の中での想像＝助動詞を含む文・未来の文など

①は、本文が never（決して〜ない）で書いてあるのに、選択肢には seldom（めったに〜ない）と書いてあったりして、微妙にすりかえられていることがあるので引っかからないようにする！

②も、本文には all（すべての＝100％）なんて書いてないのに、選択肢には all が入っていたりすることがあるので注意が必要！
※限定語とは、all（100％）、only（1％）、no（0％）などのこと。

③は、現在形・過去形・大過去形は**現実に起こったこと**だけど、助動詞を含む文や未来の文は、「〜していただろう」「〜に違いない」「〜するだろう」のように、現実に起こったことや起こることではなく、**過去・現在・未来を想像しているだけ**なんだ。
だから、事実と想像のすりかえに注意して読んでいかなくちゃダメ。
第3章は、このような3つの注意点も意識しながら読んでいってみてね！

第3章
実戦演習編

この章では、制限時間を計りながら、蓄えた知識を短い時間で頭から出す訓練をしていくよ！最初は制限時間内に解けないかもしれない。でも、知識は使えば使うほど頭から出やすくなるから頑張ろう！

- 基本4品詞 ⓪
- 基本5文型 ①
- 接続詞① ②
- 接続詞② ③
- 接続詞③ ④
- 接続詞④ ⑤
- 時制 ⑥
- れんしゅう① ⑦
- れんしゅう② ⑧
- れんしゅう③ ⑨
- れんしゅう④ ⑩
- れんしゅう⑤ ⑪
- れんしゅう⑥ ⑫
- れんしゅう⑦ ⑬
- **実戦演習①** ⑭
- **実戦演習②** ⑮
- **実戦演習③** ⑯
- **実戦演習④** ⑰
- **実戦演習⑤** ⑱

第3章
オリエンテーション
orientation

いよいよ最後の章だね！
この第3章は、以下のような構成になっているんだ。

第14講：実戦演習 ①
第15講：実戦演習 ②
第16講：実戦演習 ③
第17講：実戦演習 ④
第18講：実戦演習 ⑤

要は、第14講から最終第18講まで、1講につき1問ずつ、
合計5つの「実戦演習問題」を解いてもらうというわけだね。
この第3章は、次のようにページが進んでいくよ。

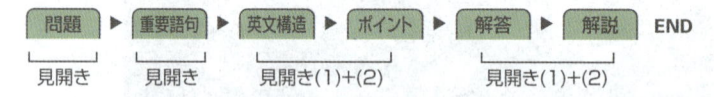

問題 ▶ 重要語句 ▶ 英文構造 ▶ ポイント ▶ 解答 ▶ 解説 END
見開き　見開き　見開き(1)+(2)　　見開き(1)+(2)

まあ、基本的には第2章と同じだと考えていいよね。
ただ、第3章の問題文は、第2章の約2倍の長さがあるんだ。
だから、全体的なページ量も、第2章の2倍になっていると考えてね。

あと、当然だけど、この第3章の問題文は、
第2章よりも数段難易度（★★★★★）が高くなっているんだ。
あと、目標時間ではなく制限時間もあることに注意！
実戦演習は、とにかく時間を意識して解いてみることが大事だよ！
実際の入試や資格試験には、もちろん制限時間があるよね。
ということは、普段から制限時間を意識して問題を解き、

1秒でも速く、持っている知識をスムーズに
頭から出す訓練をしておかなくちゃいけないんだ。

例えば、サッカーなどのスポーツだって、
ルールを知ってるだけじゃ上手なプレーはできないよね？
ルールを知った上で、たくさん練習して、
90分という制限時間の中でその力を発揮してこそ、
良い結果がついてくるんだ。

それは、もちろん英語でも同じこと！
みんなは、解答用紙というフィールドの上で、
文法や長文読解法などの知識をうまく使って、
最高の活躍をして、良い結果を出さなくちゃいけない。
そして、そこには必ず「制限時間」がある。
だからこそ、制限時間内に最高の力を発揮できる状態を
普段から意識して作っておかなくちゃいけないんだ。

頑張って練習して蓄えた知識でも、不思議なことに、
実戦では最初はなかなか出てこないかもしれない。
でも、あせっちゃだめだよ！
今から時間を意識して、何度も何度も練習すれば、
絶対にできるようになる！
それでは第3章「実戦演習」、いってみようか！

第14講 実戦演習 ①

出題 ▶ 大阪商業大学〔改〕

難易度 ★★★★
制限時間 15分

問題 次の英文を読んで右の設問に答えよ。

No one can deny that technology is transforming the way we live at a surprising rate. It is hard to believe that only a few years ago many people were still communicating by letters and traditional telephones. Now e-mail and cell phones are rapidly replacing the old forms of communication.

Within all the new technological devices in these 10 years, computers play an important role as we know. The personal computer has become one of the best partners to many people. It becomes far smaller and much more portable so that some people such as writers or stock dealers are able to work wherever they are. All (1)they have to do is just to hook their computer to a telephone, and they will be able to connect to their office immediately.

What worries some people, however, is that these technological devices (2)which are transforming our lives are at the same time leading to less human interaction. In the future people will have to be watchful to prevent technology from diminishing our personal contacts with our fellow human beings.

設問　下記 (1) 〜 (3) の問に答えなさい。

(1) 下線部 (1) の they が指すものを選びなさい。
   a: some people such as writers or stock dealers
   b: letters and traditional telephones
   c: personal computers
   d: partners

(2) 下線部 (2) の which は何を指しているのかを選びなさい。
   a: some people
   b: these technological devices
   c: our lives
   d: less human interaction

(3) According to the passage, which statement is correct?
   a: Technology is transforming the way we live slowly.
   b: E-mail and cell phones have become the old forms of communication.
   c: Computer technology enables some people to work wherever they are.
   d: Technological progress always brings happiness to all the people.

重要語句チェック

❶文目
- [ ] no one .....　　　　　：熟 誰も ..... ない
- [ ] deny　　　　　　　　：動 否定する
- [ ] technology　　　　　：名 科学技術
- [ ] transform　　　　　　：動 変形させる
- [ ] at a ..... rate　　　　　：熟 ..... な速度で

❷文目
- [ ] it is 形容詞 (for ～) to V原　：熟 (～にとって)Vするのは形容詞だ
- [ ] hard　　　　　　　　：形 難しい
- [ ] only a few ～　　　　：熟 ほんの～
- [ ] ～ ago　　　　　　　：副 ～前
- [ ] communicate　　　　：動 情報を伝え合う，通信し合う
- [ ] traditional　　　　　　：形 伝統的な，従来の

❸文目
- [ ] cell phone　　　　　　：熟 携帯電話
- [ ] rapidly　　　　　　　：副 急速に
- [ ] form　　　　　　　　：名 形

❹文目
- [ ] within ～　　　　　　：前 ～の中に，～以内で
- [ ] technological　　　　　：形 科学技術の
- [ ] device　　　　　　　：名 装置
- [ ] play a ..... role　　　　：熟 ..... な役割を果たす

❺文目
- [ ] one of the 最上級 + 複数名詞：熟 最も 最上級 な 複数名詞 の１つ
- [ ] partner　　　　　　　：名 相棒

❻文目
- [ ] far + 比較級　　　　　：熟 はるかに 比較級，ずっと 比較級
  = much + 比較級　　　　　※比較級の強調

☐ portable	：形 持ち運びに便利な
☐ so that S 助動詞 V原	：接 S が V するために[するように]
☐ such as ～	：熟 例えば～のような
☐ stock	：名 株式
☐ wherever S V	：接 たとえどこへ S が V したとしても

❼文目

☐ all 人 have to do is (to) V原	：熟 人 は V しさえすればよい
☐ hook	：動 つなぐ
☐ connect to ～	：熟 ～へ接続する
☐ office	：名 職場
☐ immediately	：副 すぐに

❽文目

☐ worry	：動 心配させる，心配する
☐ at the same time	：熟 同時に
☐ lead to ～	：熟 ～をもたらす，～に通じる
☐ human	：形 人間らしい，人間の
☐ interaction	：名 相互作用，ふれあい

❾文目

☐ watchful	：形 用心深い
☐ prevent ～ from Ving	：熟 ～が V するのを妨げる
☐ diminish	：動 減らす
☐ personal	：形 個人的な
☐ contact	：名 ふれあい
☐ fellow	：名 形 仲間(の)
☐ human being	：熟 人間

英文の構造と意味(1)

❶ No one can deny [that technology is transforming the way 〈 we live 〉 at a surprising rate].

　▶ [科学技術が驚くべき速度で〈我々が生活する〉方法（＝生活様式）を変化させているということ] は誰も否定できない。

❷ It is hard to believe [that (only a few years ago) many people were still communicating by { ① letters } and { ② traditional telephones }].

　▶ [(ほんの数年前には)、多くの人々がまだ { ①手紙 } や { ②従来の電話 } で通信していたとは] 信じがたい。

❸ (Now) { ① e-mail } and { ② cell phones } are rapidly replacing the old forms of communication.

　▶ (今)、{ ①電子メール } と { ②携帯電話 } が、急速に古い形式の通信方法に取って代わりつつある。

❹ (Within all the new technological devices in these 10 years), computers play an important role (as we know).

　▶ (この 10 年の全ての新しい技術的な装置の中では)（我々も知っているように）コンピューターが重要な役割を果たしている。

❺ The personal computer has become one of the best partners to many people.

　▶ パソコンは多くの人々にとって最良の相棒の 1 つとなった。

読解のポイント(1)

❶ ◎動詞が3つ（can deny／is transforming／live）あるので、接続詞が2つ必要だよね。
【that】他動詞「deny ＝ ～を否定する」の目的語の位置にあるので、ピリオドまで名詞のカタマリになっているのがわかるよね。
【the way】「the way S V ＝ S が V する方法」は関係副詞！ ここでは we live が the way を飾って、「生活する方法＝生活様式」となっているんだ。
◎ that 以降を色分けしてみると「that technology is transforming the way ⟨we live⟩ at a surprising rate 」のような構造になっている。

❷ ◎［that S V］の S の前に、副詞のカタマリ（only a few years ago）が入りこんでいるよね。**SV の前に置けるのは副詞だけ**というルールがあるけど、［that S V］のようなカタマリの中でも、そのルールはあてはまるんだよ。

❸ ◎ rapidly のような副詞は、基本的な位置は決まっているけど、実際は、どこにでも入ってくるんだ。
　今回は、are replacing という進行形の間に入りこんでしまっているけど、進行形をシッカリと見抜いてあげよう！ **文の構造を考えるときは、副詞を無視すれば見抜ける**からね！

❹ ◎前置詞 within のカタマリが長くて、文の構造がわかりにくく感じた人もいるかもしれないけど、**SV の前に置けるのは副詞だけ**なので、computers play の前を全部副詞のカタマリと考えればわかりやすいよね。

❺ ◎「one of the 最上級 複数名詞 」は、文法問題や、整序英作にも出てくる形なので、シッカリと覚えておこう！

英文の構造と意味(2)

❻ It becomes { ① far smaller } and { ② much more portable } (so that some people such as《① writers》or《② stock dealers》are able to work〔wherever they are〕).

　▶ (《①作家》や《②証券取引のディーラー》のような人々が、〔どこにいようと〕仕事できるように)、パソコンは {①ますます小さく }、そして {②ずっと持ち運びやすく } なっている。

❼ {① All they have to do is just to hook their computer to a telephone }, and {② they will be able to connect to their office immediately }.

　▶ {①彼らはただコンピューターを電話につなぐだけでよく }、{②すぐに自分の職場に接続することができるだろう }。

　▶①の直訳＝彼らがしなければならないすべてのことは、コンピューターを電話につなぐことだけです。

❽ [What worries some people ,] (however) , is [that these technological devices〈which are transforming our lives〉are (at the same time) leading to less human interaction].

　▶ (しかしながら)、[人々を心配させていること] は、〈我々の生活を変えつつある〉これらの技術的な装置が、(同時に) 人間らしい交流を減らしつつあるということ] である。

❾ (In the future) people will have to be watchful to prevent technology from diminishing our personal contacts with our fellow human beings.

　▶ (将来)、人々は技術によって仲間との個人的交流が少なくならないように、注意しなければならないだろう。

読解のポイント(2)

❻ ◎「**far** + 比較級」や「**much** + 比較級」は、比較級の強調表現で、「**はるかに** 比較級，**ずっと** 比較級」という意味になるんだ。
◎（so that **S** 助動詞 **V**原）は「**S** が **V** **するように**」という目的のカタマリを作る接続詞。今回は「can **V**原」と同じ意味の「be able to **V**原」が使われているのに注目しておこう。

❼ ◎「all 人 have to do is **to V**原」は、is の後ろの to を省略して「all 人 have to do is **V**原」のような形になることも多いんだ。
「人 have only to **V**原」と書きかえもできるので、内容一致問題で書きかえられてもわかるようにシッカリ覚えておこう！

❽ ◎文頭の What は、名詞のカタマリを作る関係代名詞の what！
◎ however は副詞だけど、接続詞 but と同じような意味をもっていて、**前の文と、これからの文のイメージを逆にする働きをする**ことが多いんだ。❼文目は、コンピューターのプラス面だったけど、❽文目からは、コンピューターのマイナス面の内容になっているよね。
◎進行形 **be** + **Ving** は、「① **V** しているところだ ② **V** しつつある」の２つの意味をおさえておこう！
◎ that 以降は「that these technological devices〈which are transforming our lives〉are (at the same time) leading to less human interaction」のような構造になっている。

❾ ◎「prevent ～ from **Ving**」という形は頻出！「**S** prevent 人 from **Ving** ＝ **S** のせいで、人は **V** できない」と訳すことが多い。
（例）The rain prevented us from playing tennis.
▶その雨のせいで、私たちはテニスができなかった。

設問の解答(1)

設問 下記 (1)〜(3) の問に答えなさい。

(1) 下線部 (1) の they が指すものを選びなさい。
- 正解 a: some people such as {① writers} or {② stock dealers}
- b: {① letters} and {② traditional telephones}
- c: personal computers
- d: partners

【訳】
- a: {①作家} や {②証券取引のディーラー} のような人々
- b: {①手紙} や {②従来の電話}
- c: パソコン
- d: 相棒

(2) 下線部 (2) の which は何を指しているのかを選びなさい。
- a: some people
- 正解 b: these technological devices
- c: our lives
- d: less human interaction

【訳】
- a: 人々
- b: これらの技術的な装置
- c: 我々の生活
- d: 人間らしい交流の減少

解説(1)

(1)

代名詞が指す名詞は、「代名詞でもみんながわかるもの」なんだ。
つまり、「①すぐ前の文に出た名詞／②文のテーマになっている名詞」
のどちらかだと考えてみよう。
今回は、「**they** は、ただ**コンピューターを電話につなぐだけでよい**」と
なるので、**they は人**だとわかるよね。
コンピューターを電話につないだりしてるわけだからね。
そこまでわかれば、**すぐ前の文に出てきた人**、
つまり **a** が正解だってわかるよね。

(2)

「**which** が指すもの＝先行詞」なので、先行詞を考える問題だね。
先行詞は、関係代名詞のカタマリの中で抜けている名詞と同じ名詞なの
で、カタマリ〈**which are transforming our lives**〉を
「○○は、我々の生活を変えつつある」と訳してみて、
○○に入る**モノ**を **which** より前から探せばいい。
（**which** なので、先行詞は人以外）
今回はすぐ前の
「**these technological devices** ＝これらの技術的な装置」
を入れれば、
「これらの技術的な装置は我々の生活を変えつつある」
と意味が通るので、**b** が正解！

設問の解答 (2)

(3) According to the passage, which statement is correct?
   a: Technology is transforming |the way| 〈we live〉 slowly.
   b: ｛① E-mail｝ and ｛② cell phones｝ have become the old forms of communication.
正解 c: Computer technology enables some people to work (wherever they are).
   d: Technological progress always brings happiness to all the people.

【訳】この文章によると、以下のどの文が正しいですか？
   a: 科学技術はゆっくりと〈我々の生活〉様式を変えつつある。
   b: ｛①電子メール｝と｛②携帯電話｝は古い形式の通信方法になってしまった。
   c: コンピューター技術のおかげで、（ある人々はどこででも）仕事をすることができる。
   d: 科学技術の進歩は、常にすべての人々に幸福をもたらす。

解説(2)

(3)
❻文目に「作家や証券取引のディーラーのような人々が、どこにいようと仕事できるように、パソコンはますます小さく、そしてずっと持ち運びやすくなっている」と書いてあるので、その内容と同じ c が正解！
「S enable 人 to V原 = S のおかげで、人 は V できる」
という表現は頻出なので必ずおさえておこう！

a: → ❶文目に「我々が驚くべき速度で生活様式を変化させている」とあるので、**slowly** がおかしい。

b: → ❸文目に「電子メールと携帯電話が、急速に古い形式の通信方法に**取って代わりつつある**」とあり、それら自体が古い形式なわけではないので×。

d: → ❽文目と❾文目には、「人間らしい交流を減らしつつある」というコンピューター技術がもたらすマイナス面が書かれている。よって、「常にすべての人々に」とは言えないので×。

● POINT
内容一致問題のポイント

ちなみに、世の中には「**例外のない規則はない**」ということを覚えておいてほしいんだ。つまり、
「常に，すべての」のような100%（＝絶対そうだ）を表したり、
「～だけだ」のような1%[数%]（＝それしかない）を限定して表したり、
「絶対ない」のように0%を表す言葉が入っている選択肢は、ふつうは正解にはならないことが多いんだ。
内容一致問題の選択肢に
「常に，すべての」「～だけだ」「絶対ない」
のようなコトバがあった場合、
それらは基本的に×だと思って疑おう！

第15講 実戦演習 ②

出題 ▶ 東京経済大学（経済学部）〔改〕

難易度 ★★★★
制限時間 **15**分

問題 次の英文を読んで右の設問に答えよ。

　In April, the world's first home-use robot that can talk will go on sale for one million yen. This robot was developed in Japan by XYZ Industries, and is designed to serve as a servant and companion for elderly and sick people who live alone. The one-meter tall, round-headed robot sends an alarm by phone or E-mail to human caretakers such as relatives or staff at hospitals and security firms when there is an emergency.

　The robot has a camera in its head, and can use it to recognize its master. Human caretakers can call the robot using a mobile phone, and see images of its master and his or her home. The battery-powered robot runs on wheels and recharges itself. With a vocabulary of 10,000 words, the robot can tell its master, "Daddy, it's time for you to take a walk," or "What time will you come home tonight?" If its master doesn't return on time, it tells the human caretakers so by phone or E-mail. When its master stays silent for too long, it asks, "Are you all right?"

　XYZ hopes to sell 10,000 robots per year to families, hospitals, and nursing homes.

設問　最も適当な答えを選択肢より選びなさい。

(1) The robot does all of the following except (　　).
   a: asking somebody to recharge its battery
   b: informing the hospital when its master gets ill
   c: sending E-mail to security companies when necessary
   d: sending pictures of its master's home to human caretakers

(2) What does the robot do when its master is quiet for a long time?
   a: It escorts him/her home.
   b: It asks whether he/she is all right.
   c: It encourages him/her to go for a walk.
   d: It tells him/her what time to leave home.

(3) XYZ Industries (　　).
   a: began selling talking robots two years ago
   b: has exported talking robots for several years
   c: expects to sell 20,000 talking robots within a year
   d: will start selling talking robots

重要語句チェック

❶文目
☐ go on sale	：熟 発売する
☐ one million	：熟 100万

❷文目
☐ develop	：動 開発する，発達させる
☐ industry	：名 産業
☐ design	：動 設計する
☐ serve as ~	：熟 ~として働く
☐ servant	：名 使用人
☐ companion	：名 付き添い
☐ elderly	：形 年配の
☐ sick	：形 病気の

❸文目
☐ round-headed	：形 丸い頭の
☐ send	：動 発信する，発送する
☐ alarm	：名 警告
☐ human caretaker	：熟 介護者
☐ such as ~	：熟 例えば~のような
☐ relative	：名 親族
☐ security firm	：熟 安全管理会社
☐ emergency	：名 緊急事態

❹文目
☐ recognize	：動 認識する
☐ master	：名 主人

❺文目
☐ mobile phone	：熟 携帯電話
☐ image	：名 画像，映像

❻文目
☐ battery-powered	：形 バッテリー式の
☐ wheel	：名 車輪
☐ recharge	：動 充電する

❼文目
☐ with ~	：前 ~を使って
☐ vocabulary	：名 語彙
☐ daddy = dad	：名 パパ
☐ it is time (for 人) to V原	：熟 (人 が) V する時間だ
☐ take a walk	：熟 散歩する

❽文目
☐ return	：動 戻る，帰る
☐ on time	：熟 時間通りに

❾文目
☐ silent	：形 静かな，無言の

❿文目
☐ hope to V原	：熟 V することを望む
☐ per ~	：前 ~につき
☐ nursing home	：熟 老人ホーム

英文の構造と意味(1)

❶ (In April), the world's first home-use robot 〈 that can talk 〉 will go on sale for one million yen.

▶（4月に）、〈話すことのできる〉世界初の家庭用ロボットが、100万円で発売される。

❷ This robot ｛① was developed in Japan by XYZ Industries｝, and ｛② is designed to serve as a 《① servant 》 and 《② companion 》 for 《① elderly 》 and 《② sick 》 people 〈 who live alone 〉｝.

▶このロボットは、｛① XYZ 社によって日本で開発され｝、｛②〈1人で暮らす〉《①老人》や《②病人》のために、《①使用人》や《②付添人》として仕えるように設計されている｝。

❸ The one-meter tall, round-headed robot sends an alarm by ｛① phone ｝ or ｛② E-mail ｝ to human caretakers such as ｛① relatives ｝ or ｛② staff at 〈① hospitals 〉 and 〈② security firms 》｝(when there is an emergency).

▶身長1メートルで丸い頭のロボットは、（緊急事態のときには）｛①親族｝もしくは｛②《①病院》や《②安全管理会社》の職員｝のような介護者に｛①電話｝や｛②電子メール｝によって警告を発信する。

❹ The robot ｛① has a camera in its head ｝, and ｛② can use it to recognize its master ｝.

▶そのロボットは｛①頭にカメラがあり｝、｛②主人を認識するためにそれを使うことができる｝。

読解のポイント（1）

❶ ◎ S V の前に置けるのは副詞のみ →（In April）
◎動詞が 2 組（can talk／will go）あるので、that は接続詞。よく見ると、that のカタマリの中の主語が抜けているので、that は主格の関係代名詞とわかる。もう関係代名詞は見抜けるようになったよね！

❷ ◎ and が 3 つもあるので、何を並べているのか正確に見ていこう！
【最初の and】②が動詞 is で始まっているので、①は動詞 was から and の前まで。
【2 番目の and】②が名詞 companion で始まっているので、①は名詞 servant。①が名詞だけなので、②ももちろん名詞だけ！
【3 番目の and】②が形容詞 sick で始まっているので、①は形容詞 elderly。①が形容詞だけなので、②も形容詞だけ！ elderly も sick も名詞の people にかかっているんだ。

❸ ◎形容詞が名詞を修飾するときは「形容詞＋名詞」になるけど、形容詞が 2 つあるときは「形容詞①, 形容詞②＋名詞」のように、形容詞をカンマで並べてしまうことがあるんだよね。だからこの文も「one-meter tall, round-headed robot」のようになっているんだ。

❹ ◎②の中にある it が何を指しているかわかる？ 代名詞は、**前の文の名詞を指すのが一番基本的な働き**だよね。「前の文だから～」とか言って❸文目なんか見ないように！ 動詞は 1 つの文には 1 回しか使えない。でもこの文は、has と can use で 2 回動詞を使っている。つまり **2 つの文がくっついている**んだ。だから、it が指す名詞は①のカタマリの中にあるはず！ そう、今回は a camera を指しているんだ！ ここを間違えないように何度も復習しておこう！
※①の中に指す名詞がない場合は、もっと前の文の名詞を指すこともあるよ！

つづく ▶

英文の構造と意味（2）

❺ Human caretakers can {① call the robot using a mobile phone}, and {② see images of 《① its master》 and 《② his or her home》}.

▶介護者は、{①携帯電話を使って、ロボットを呼ぶこと} と、{②《①その主人》や《②その人の家》の画像を見ることが} できる。

❻ The battery-powered robot {① runs on wheels} and {② recharges itself}.

▶バッテリー式のロボットは {①車輪で動き}、{②自分で充電する}。

❼ (With a vocabulary of 10,000 words), the robot can tell its master, {① "Daddy, it's time for you to take a walk,"} or {② "What time will you come home tonight?"}

▶ (10,000語の語彙を使って)、そのロボットは主人に {①「パパ、散歩の時間ですよ」} あるいは {②「今夜は何時に家に帰る予定ですか」} と言うことができる。

❽ (If its master doesn't return on time), it tells the human caretakers so by {① phone} or {② E-mail}.

▶ (もし主人が時間通りに戻ってこなかったら)、ロボットは {①電話} や {②電子メール} で介護者にそのことを伝える。

❾ (When its master stays silent for too long), it asks, "Are you all right?"

▶主人が長時間黙っていたときには)、ロボットは「大丈夫ですか」とたずねる。

❿ XYZ hopes to sell 10,000 robots per year to {① families}, {② hospitals}, and {③ nursing homes}.

▶XYZ 社は {①家族} や {②病院}、そして {③老人ホーム} に年間 10,000 体のロボットが売れることを望んでいる。

読解のポイント(2)

❺ ◎{②のカタマリ}の中にある its master の its も、❹文目の考え方で{①のカタマリ}の中の the robot を指しているとわかるよね！ だから「その主人＝そのロボットの主人」だよ！
◎《②のカタマリ》の his or her は、男女平等の関係で、両方の代名詞が書いてあるんだ。こんなときは、「彼もしくは彼女の」と訳すのではなく、**「その人の」と訳せばいい**んだ。

❼ ◎前置詞「with ～」は「①～と一緒に ②～を持って ③**～を使って** ④～に関して ⑤～があれば」の５つの意味をおさえておこう！

❽ ◎If で始まっているから仮定法！ なんて思わないように。仮定法の文なら、**would などの助動詞の過去形が使われている**んだ。この文は（If S V）で、「もしも S が V すれば」という**条件**を述べているだけなので勘違いしないように。

❾ ◎"クオーテーション・マーク"は「カギ括弧」と同じ役割をするので、セリフをもってくるときは、この文のように**大文字で始める**というところに注目しておこう！

❿ ◎sell は「sell 人 物 ＝ 人 に 物 を売る」という第４文型がとれる動詞なんだ。基本的に第４文型は、前置詞を使って第３文型に書きかえることができたよね。
「売る」という動作は、相手がいないと成り立たない動作なので、前置詞に to を使っているところをチェックしておこう！
「sell 人 物 ＝ sell 物 to 人」
前置詞を入れる問題は頻出なのでしっかりチェックしておこう！

設問の解答（1）

設問　最も適当な答えを選択肢より選びなさい。

(1) The robot does all of the following except (　　　).
- 正解 a: asking somebody to recharge its battery
- b: informing the hospital (when its master gets ill)
- c: sending E-mail to security companies (when necessary)
- d: sending pictures of its master's home to human caretakers

【訳】そのロボットは（　　　）以外の以下のことはすべて行う。
- a: 誰かにバッテリーの充電を頼むこと
- b: （主人が病気になると）、病院に知らせること
- c: （必要なときに）電子メールを安全管理会社に送ること
- d: 主人の家の画像を介護者に送ること

(2) What does the robot do (when its master is quiet for a long time)?
- a: It escorts him/her home.
- 正解 b: It asks [whether he/she is all right].
- c: It encourages him/her to go for a walk.
- d: It tells him/her what time to leave home.

【訳】（主人が長い時間静かなとき）、ロボットは何をするか。
- a: その人を家に送り届ける。
- b: その人が平気かどうかをたずねる。
- c: その人に散歩をするよう勧める。
- d: その人に何時に家を出発するべきかを伝える。

解説(1)

(1)
(　　)内に入る最も適当なものを選択肢から選ぶ問題だよね。
❻文目に、「バッテリー式のロボットは自分で充電する」と書いてあるので、a は本文の内容に合わない。従って a が正解。

b: → ❸文目に「緊急事態のときには、親族もしくは、病院や安全管理会社の職員のような介護者に、電話や電子メールで警告を発信する」とあるので×。

c: → b と同じく❸文目に書いてあるので×。

d: → ❺文目に「介護者は、携帯電話を使って、ロボットを呼ぶことと、その主人やその人の家の画像を見ることができる」とあるので×。

重要表現チェック

b: ☐ **inform**	：	動 知らせる，通知する
c: ☐ **necessary**	：	形 必要な

(2)
❾文目を見ると、「主人が長時間黙っていたときには、ロボットは **"Are you all right?（大丈夫ですか？）"** とたずねる。」
とあるので、b が正解。
1文1文がきちんと読み取れていれば、そんなに難しい問題じゃなかったよね。

重要表現チェック

a: ☐ **escort**	：	動 送り届ける
b: ☐ **whether S V**	：	接 SがVするかどうか（ということ）
c: ☐ **encourage**	：	動 励ます，けしかける

つづく ▶

設問の解答(2)

(3) XYZ Industries (　　).
   a: began selling talking robots two years ago
   b: has exported talking robots for several years
   c: expects to sell 20,000 talking robots within a year
   正解 d: will start selling talking robots

【訳】XYZ 社は（　　）。
   a: 2 年前に、話すロボットを売りはじめた
   b: 数年間、話すロボットを輸出している
   c: 1 年以内に話すロボットが 20,000 体売れると期待している
   d: 話すロボットを売りはじめるつもりである

解説(2)

(3)
❶文目に「4月に、話すことのできる世界初の家庭用ロボットが、100万円で発売される」とあるので、d が正解！

a: → ❶文目で **will go on sale** という未来の文になっているので、2年前はまだ売っていない。よって×。
b: → まだ発売されていないし、輸出に関する記述はどこにもないので×。
c: → ❿文目に「年間10,000体売れることを望んでいる」とあるので×。

重要表現チェック

b: ☐ **export**	動 輸出する
c: ☐ **within ～**	前 ～以内に

第16講 実戦演習 ③

出題 ▶ 東京経済大学(経済学部)〔改〕

難易度 ★★★★
制限時間 15分

問題 次の英文を読んで右の設問に答えよ。

　Throughout the world, about 60,000 square kilometers of land become desert each year. This means that a huge area of land, almost equal to the islands of Kyushu and Shikoku combined, is losing productivity each year. The situation is particularly severe in Africa. About one-third of the total land area is in danger of desertification, and this has affected nearly 80 percent of the farming population. The biggest causes of desertification are man-made, including overfarming and mismanagement of the land, and these are linked to the population explosion in developing countries.

　In 1996, the Desertification Treaty was put into effect, and since then, a small number of countries have been moving forward with plans of action at the local level. However, worldwide awareness of desertification remains rather low, and funds are scarce. It remains to be seen whether or not Africa can eventually be restored to its former green beauty.

設問（　　）内に入るのに最も適当なものを選べ。

(1) About 60,000 square kilometers of land become desert each year （　　）.
   a: on the islands of Kyushu and Shikoku
   b: in developing countries
   c: all over the world
   d: in some parts of Africa

(2) （　　） of the farmers in Africa have been influenced by desertification.
   a: All
   b: Up to half
   c: Nearly two-thirds
   d: About four-fifths

(3) All of the following except （　　） are mentioned as causes of desertification.
   a: little rain
   b: overuse of land
   c: poor control of land
   d: too many people

(4) Since the Desertification Treaty in 1996, （　　）.
   a: action against desertification has been taken in only some parts of the world
   b: worldwide awareness of desertification has been increasing
   c: a sufficient amount of money has been collected to make the environment green again
   d: desertification has not been a serious problem in Africa

重要語句チェック

❶文目
- [ ] throughout ~ ：前 ~の至るところに
- [ ] square ：名 平方, 正方形
- [ ] desert ：名 砂漠
- [ ] each year ：熟 毎年

❷文目
- [ ] mean ：動 意味する
- [ ] huge ：形 巨大な
- [ ] almost ：副 ほとんど
- [ ] island ：名 島
- [ ] combined ：形 結合した
- [ ] productivity ：名 生産性

❸文目
- [ ] situation ：名 状況
- [ ] particularly ：副 特に
- [ ] severe ：形 深刻な

❹文目
- [ ] one-third ：名 3分の1
- [ ] be in danger of ~ ：熟 ~の危険がある
- [ ] desertification ：名 砂漠化
- [ ] affect ：動 影響する
- [ ] farming ：名 農業
- [ ] population ：名 人口

❺文目
- [ ] cause ：名 原因
- [ ] man-made ：形 人工の
- [ ] overfarming ：名 過耕作
- [ ] mismanagement ：名 誤管理
- [ ] link ：動 つなぐ, 関連づける

□ population explosion	:	熟 人口の爆発的増加，人口爆発
□ developing country	:	熟 発展途上国
⇔ developed country	:	熟 先進国

❻文目

□ treaty	:	名 条約
□ put 〜 into effect	:	熟 〜を実行に移す
□ a small number of 〜	:	熟 少数の〜，わずかな〜
⇔ a large number of 〜	:	熟 多数の〜，多くの〜
□ move forward with 〜	:	熟 〜を先へ進める
□ at a local level	:	熟 地域的段階で

❼文目

□ however	:	副 しかしながら
□ worldwide	:	形 世界的な
□ awareness	:	名 認識
□ rather	:	副 かなり
□ fund	:	名 資金
□ scarce	:	形 不足している

❽文目

□ it remains to be seen whether or not S V	:	熟 SがVするかどうかはこれからのことだ ＝SがVするかどうかは誰にもわからない
□ eventually	:	副 いつかは，結局は
□ restore A to B	:	熟 A を B に回復する
□ former	:	形 前の

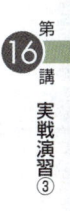

英文の構造と意味（１）

❶ (Throughout the world), about 60,000 square kilometers of land become desert each year.

▶（世界中で）、約 60,000 平方キロメートルの陸地が毎年砂漠になっている。

❷ This means [that a huge area of land, (almost equal to the islands of Kyushu and Shikoku combined), is losing productivity each year].

▶これは、［巨大な陸地が、（それは九州と四国を合わせた島の大きさにほぼ等しいのだが）、毎年生産性を失いつつあるということ ］ を意味するのだ。

❸ The situation is particularly severe in Africa.

▶その状況は、特にアフリカで深刻である。

❹ {① About one-third of the total land area is in danger of desertification }, and {② this has affected nearly 80 percent of the farming population }.

▶ {①すべての陸地の約３分の１が砂漠化の危機にあり }、{②その状況は農業人口の約80％に影響を及ぼしている }。

❺ {① The biggest causes of desertification are man-made, (including overfarming and mismanagement of the land) }, and {② these are linked to the population explosion in developing countries }.

▶ {①砂漠化の最大の原因は人によるものであり、（過耕作や土地の誤管理なども含んでいる）}。そして {②これらは発展途上国における人口爆発と関連づけられている }。

192

読解のポイント(1)

❶ ◎ SV の前にくるのは副詞のカタマリだけ！ もう慣れたよね！

❷ ◎ that 以降は「a huge area of land, almost equal to the islands of Kyushu and Shikoku combined, is losing productivity each year」のような文構造になっている。
　つまり、主語と動詞の間に、**主語を補足的に説明する語句が、カンマとカンマで挿入されている**わけだね。

❸ ◎ The situation のように、the が付く場合は 3 つあったよね (P.131)！
　今回は、どう考えても「**前に一度出てきた名詞**」なので、「前の文で述べたような状況」というニュアンスになるんだ。

❹ ◎「one-third = 3 分の 1」のように、分数は「 数字 - 序数 = 序数 分の 数字 」と書くんだ！
　ちなみに「two-thirds = 3 分の 2」のように、 数字 が 2 以上（複数）になると、 序数 に複数形の s が付くんだ。
　◎❷の頭の this に注目！ 長文中の this や that は、前の文や前の文の一部を指して「今言ったこと」のようなニュアンスを出すんだ。前の文とは、もちろん｛①のカタマリ｝だから、この this は①のカタマリを指していると考えよう。

❺ ◎｛①のカタマリ｝の「...... , Ving ......」は分詞構文で、補足説明をする**副詞のカタマリ**を作る。だからこの文の訳も、カンマの前までを先に訳し、including からあとは、付け足しのように、補足的に訳すとうまくいくよ。
　◎｛②のカタマリ｝の these は前の文の The biggest causes、つまり overfarming and mismanagement of the land などのことを指していて、「今言ったこと」のようなニュアンスになるよ。

英文の構造と意味(2)

❻ {① (In 1996), the Desertification Treaty was put into effect }, and {② (since then), a small number of countries have been moving forward with plans of action at the local level }.

▶ {① （1996年に）、砂漠化条約が実施され }、{② （そのときから）、少数の国々が地域的段階（＝地元レベル）での行動計画を先へ進めている }。

❼ (However), {① worldwide awareness of desertification remains rather low }, and {② funds are scarce }.

▶ （しかしながら）、{①砂漠化の世界的な認識はかなり低いままであり }、{②資金は不足している }。

❽ It remains to be seen [whether or not Africa can eventually be restored to its former green beauty].

▶ ［アフリカがいつか、以前の緑の美しさに回復されうるかどうか（ということ）］は、これから次第である。

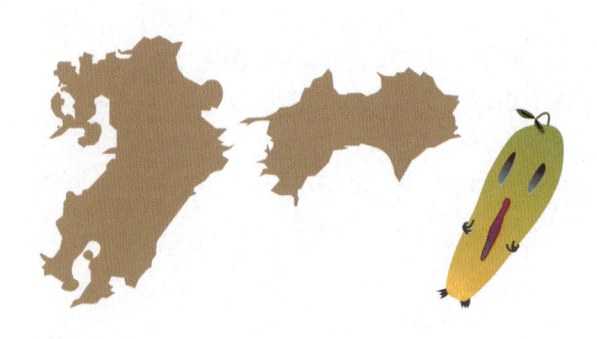

読解のポイント(2)

❻ ◎「**a** number of 複数名詞」で「多数の 複数名詞」という表現。
「**a** large number of 複数名詞 = 多くの 複数名詞」
「**a** small number of 複数名詞 = 少数の 複数名詞」
という形で使うことが多いのでシッカリと覚えておこう！
※「**the** number of 複数名詞 = 複数名詞 の数」と混ざらないように注意すべし！

❼ ◎ however は、基本的に but と同じような意味をもつ副詞で、前の文と、この文のイメージを逆にする働きをする。
　今回は、❻文目は「砂漠化条約が実施され、地域的段階での行動計画を先へ進めている」というプラスイメージの内容だけど、❼文目は「砂漠化の世界的な認識はかなり低いまま」「資金は不足」などのマイナスイメージの内容がきているよね。

❽ ◎ can は「①可能（できる）・②可能性（可能性がある）・③許可（してもよい）」の３つの意味で使うんだったよね！ちゃんと覚えてた？
※長文では②の「可能性」の意味で出てくることが多い！
◎副詞 eventually が、can be の間に入りこんでいるけど、文の構造を考えるときは、**副詞は無視する**という鉄則を忘れずにね！
　eventually を無視すれば、「can be V_{pp} = V されうる」という形が見えてくるよね。

設問の解答（1）

設問（　　）内に入るのに最も適当なものを選べ。

(1) About 60,000 square kilometers of land become desert each year (　　).
　　a: on the islands of Kyushu and Shikoku
　　b: in developing countries
正解 c: all over the world
　　d: in some parts of Africa

【訳】約 60,000 平方キロメートルの陸地が、（　　）毎年砂漠になっている。
　　a: 九州や四国の島々で
　　b: 発展途上国で
　　c: 世界中で
　　d: アフリカのある地域で

(2) (　　) of the farmers in Africa have been influenced by desertification.
　　a: All
　　b: Up to half
　　c: Nearly two-thirds
正解 d: About four-fifths

【訳】アフリカの農業人口の（　　）が、砂漠化に影響されている。
　　a: すべて
　　b: 半分に至るほど
　　c: ほぼ3分の2
　　d: 約5分の4

解説(1)

(1)
❶文目に、「**世界中で**、約 60,000 平方キロメートルの陸地が毎年砂漠になっている」と書いてあるので、c が正解！
❶文目は**文章全体のテーマになることが多い**ので、
読み間違いがないようにシッカリと読もう！

a: → ❷文目に九州と四国は出てくるけど、それは 1 年間に「生産性を失う」陸地の面積が、その 2 つを合わせた島の大きさにほぼ等しいという話をしているだけで、実際の九州や四国の話ではないので×。

b: → 「発展途上国で」ということは発展途上国全体を指すが、❸文目から話題になっている「アフリカ」だけでは、発展途上国全体の話とは言えないので×。

d: → ❸文目に「その状況は、特にアフリカで深刻だ」とあるけど、毎年砂漠化している約 60,000 平方キロメートル全部がアフリカではないので×。

(2)
❹文目に「農業人口の約 80%に影響を及ぼしている」とあるので、
「80%＝ 5 分の 4」という簡単な計算ができれば、
すぐに d が正解とわかるよね。
入試では、こういった簡単な計算がよく出題されるので、
分数が苦手な人はシッカリと分数の計算を復習しておこう！

設問の解答（2）

(3) All of the following except (　　) are mentioned as causes of desertification.

【正解】 a: little rain
b: overuse of land
c: poor control of land
d: too many people

【訳】(　　)を除くすべての記述は、砂漠化の原因として述べられている。
a: 少ない雨
b: 土地の過剰利用
c: 土地の下手な管理
d: 多すぎる人々

(4) (Since the Desertification Treaty in 1996), (　　).

【正解】 a: action against desertification has been taken in only some parts of the world
b: worldwide awareness of desertification has been increasing
c: a sufficient amount of money has been collected to make the environment green again
d: desertification has not been a serious problem in Africa

【訳】(1996年の砂漠化条約以来)、(　　)。
a: 砂漠化に対する活動は、世界のある地域でのみ取り入れられている
b: 砂漠化の世界的な認識は増してきている
c: 十分な量のお金が、自然環境を再び緑化するために集められている
d: 砂漠化はアフリカでは深刻な問題となってはいない

解説(2)

(3)
a 以外の選択肢は、すべて砂漠化の原因として本文に載っていたので、a が正解！

b: → ❺文目に「過耕作」とあるので、砂漠化の原因！
c: → 同じく❺文目に「土地の誤管理」とあるので、砂漠化の原因！
d: → 同じく❺文目に「これらは人口爆発と関連づけられている」とあるので、やはり砂漠化の原因！

重要表現チェック

b:	☐ overuse	：名 過剰使用
c:	☐ control	：名 管理

(4)
❻文目に「少数の国々が地域的段階での行動計画を先に進めている」とあるので、まだ世界全体で進められているという状況ではないということがわかるよね。よって a が正解！

b: → ❼文目に「砂漠化の世界的な認識はかなり低いまま」とあるので×。
c: → 同じく❼文目に「資金は不足している」とあるので、やはり×。
d: → ❽文目に「アフリカがいつか、以前の緑の美しさに回復されるかどうかは、これから次第である」とあり、現在もまだ砂漠化はアフリカに問題として残っていることが読み取れるので×。

重要表現チェック

c:	☐ sufficient	：形 十分な
d:	☐ serious	：形 深刻な

第17講 実戦演習 ④

出題 ▶ 東京経済大学（経済学部）〔改〕

難易度 ★★★★★
制限時間 15 分

問題 次の英文を読んで右の設問に答えよ。

South America currently produces about 45 percent of the world's banana crop. But almost all of the bananas exported to Japan are grown on Mindanao Island in the Philippines.

Bananas are an inexpensive fruit, which can be bought at supermarkets for around 200 yen per bunch. But for many years, they were considered to be a luxury fruit in Japan, and were bought primarily as gifts for hospital patients and for festive occasions.

The status of bananas changed dramatically in the latter half of the 1960s, as Japan began to import large quantities of the fruit from Mindanao Island. Four large companies from Japan and the United States set up plantations on Mindanao around this time. These plantations have 1,500-meter-long runways for the airplanes which spray the banana orchards with herbicides. They employ thousands of workers. Almost 75 percent of the bananas sold in Japan today come from Mindanao.

設問（　　）内に入るのに最も適当なものを選べ。

(1) The price of bananas went down dramatically in Japan in the late 1960s, because (　　).
    a: South America began to produce large quantities of bananas
    b: bananas started to be sold at supermarkets
    c: bananas were no longer appreciated as gifts
    d: large quantities of bananas started to come from Mindanao

(2) Banana plantations in Mindanao were built by (　　).
    a: one company from two countries
    b: four companies from one country
    c: four companies from two countries
    d: two companies from four countries

(3) All of the following except (　　) are mentioned concerning banana plantations in Mindanao.
    a: watering the orchards
    b: runways for airplanes
    c: the employment of workers
    d: spraying herbicides

(4) Mindanao bananas account for (　　) of the total quantity of bananas consumed in Japan.
    a: less than half
    b: one-third
    c: ninety percent
    d: three quarters

重要語句チェック

❶文目
- South America ：熟 南アメリカ
- currently ：副 現在
- produce ：動 生産する
- crop ：名 生産高，作物

❷文目
- almost all of 〜 ：熟 ほとんどすべての〜
- export ：動 輸出する
- ⇔ import ：動 輸入する

❸文目
- inexpensive ：形 費用のかからない，安い
- fruit ：名 果物
- around = about ：副 およそ，約
- per 〜 ：前 〜につき
- bunch ：名 房，束

❹文目
- consider O (to be) C ：熟 O を C とみなす
- luxury ：名 形 ぜいたく(な)
- primarily ：副 主として
- gift ：名 贈り物
- hospital ：名 病院
- patient ：名 患者
- festive ：形 お祝いの
- occasion ：名 場合，行事

❺文目
- status ：名 地位
- dramatically ：副 劇的に
- the latter half of 〜 ：熟 〜の後半
- 1960s ：名 1960 年代
- quantity ：名 量

❻文目
- □ company : 名 会社
- □ set up ~ : 熟 ~を建設する，設立する
- □ plantation : 名 栽培場、大農園

❼文目
- □ runway : 名 滑走路
- □ spray **A** with **B** : 熟 **A** に **B** を散布する
- □ orchard : 名 果樹園
- □ herbicide : 名 除草剤

❽文目
- □ employ : 動 雇う
- □ thousands of ~ : 熟 何千もの~

❾文目
- □ sell-sold-sold : 動 売る

英文の構造と意味（1）

❶ South America currently produces about 45 percent of the world's banana crop.

▶ 現在南アメリカは、世界のバナナ生産高のおよそ 45％を産出している。

❷ But almost all of the bananas 〈 exported to Japan 〉 are grown on Mindanao Island in the Philippines.

▶ しかし、〈 日本に輸出される 〉ほとんどすべてのバナナは、フィリピンのミンダナオ島で育てられている。

❸ Bananas are an inexpensive fruit, 〈 which can be bought at supermarkets for around 200 yen per bunch 〉.

▶ バナナは安い果物であり、〈 1 房あたりおよそ 200 円で、スーパーマーケットで買うことができる 〉。

❹ But (for many years), they ｛① were considered to be a luxury fruit in Japan ｝, and ｛② were bought primarily as gifts 《① for hospital patients 》 and 《② for festive occasions 》｝.

▶ しかし、(何年もの間) それらは ｛① 日本では贅沢な果物だとみなされ ｝、｛② 主として 《① 入院患者 》 や 《② お祝いの場での 》 贈り物として買われていた ｝。

❺ The status of bananas changed dramatically in the latter half of the 1960s, (as Japan began to import large quantities of the fruit from Mindanao Island).

▶ (日本がミンダナオ島からその果物を大量に輸入しはじめたので)、バナナの地位は、1960 年代後半に劇的に変化した。

読解のポイント(1)

❷ ◎動詞が2つ（exported／are grown）あるように見えるけど、接続詞がどこにも見あたらないし、省略されている場所も見あたらない。ということは、どちらかが**動詞ではない**よね。

　are grown は動詞としてしか使えないから動詞。exported は分詞や分詞構文として使えるから、exported が**動詞ではない**とわかる。

　この文では、exported が名詞の後ろにきているので、形容詞のカタマリを作る分詞だとわかるよね。

❸ ◎カンマ付きの関係代名詞は、補足説明のような役割をするので、カンマまで先に訳してしまい、そのあとでカンマ以降を「接続詞＋代名詞」のように補足的に訳せばいいんだったよね。

　この文なら「バナナは安い果物である。そしてそれは1房あたりおよそ200円でスーパーマーケットで買うことができる。」のような感じになるね。

❹ ◎この文の主語 they は代名詞なので、基本的に前の文の名詞を指すよね。代名詞を考えるときは、必ず後ろとの関係を考えるようにしよう。

　今回なら、「they は日本では贅沢な**果物だとみなされた**」とあるので、**they は果物**だとわかった。そうすれば、「前の文の果物＝バナナ」を指しているってわかるよね！

❺ ◎「in the latter half of ～」で「～の後半に」という意味になるよ。

英文の構造と意味(2)

❻ Four large companies from {① Japan } and {② the United States } set up plantations on Mindanao around this time.

▶ {①日本 } と {②アメリカ合衆国 } の４大企業は、だいたいこの時期にミンダナオに栽培場を建設した。

❼ These plantations have 1,500-meter-long runways for the airplanes ⟨ which spray the banana orchards with herbicides ⟩.

▶ これらの栽培場には、⟨ バナナ果樹園に除草剤を散布する ⟩ 飛行機のために 1,500 メートルの滑走路がある。

❽ They employ thousands of workers.

▶ 彼らは何千人もの労働者を雇っている。

❾ Almost 75 percent of the bananas ⟨ sold in Japan today ⟩ come from Mindanao.

▶ ⟨ 今日日本で売られている ⟩ バナナの約 75%は、ミンダナオ産である。

読解のポイント(2)

❻ ◎文末に around this time とあるけど、この this が何を指しているかわかる？　長文中の this や that は、前の文や前の文の一部を指して「今言ったこと」のようなニュアンスを出すんだったよね。

　だから、この文の around this time は「日本がミンダナオ島からバナナを大量に輸入しはじめた、1960年代後半くらいの時期」という感じだね。

❼ ◎ 1,500-meter-long に注目！　ふつうは「1,500 meter**s** long」のように、meter には複数形の s が付くはずなのに、1,500-meter-long には付いていないよね。

　これは、短い横棒で単語をつなぐと1つの形容詞の役目になっちゃうからなんだ。形容詞は複数形の s なんて付けないもんね。

※「a 22-year-old man」のように、年齢の表現もよく出るので覚えておいてね。

❽ ◎「thousands of ～」は、thousand に複数形の s が付いているので、「何千もの～，非常に多数の～」のような意味になるんだ。

　「～」部分には数えられる名詞の複数形を置くことも確認しておこう！

❾ ◎❷文目と同じく、動詞が2つ（sold／come）あるように見えるけど、接続詞がどこにも見あたらないし、省略されている場所も見あたらないので、どちらかは動詞じゃないよね。それで、どちらかが分詞だとわかるんだ。

　分詞ならば V_pp の直前か直後に修飾する名詞があるはずだよね。そう考えれば、sold の方が直前に名詞 the bananas があるので分詞だとわかるよね。

設問の解答（1）

設問（　　）内に入るのに最も適当なものを選べ。

(1) The price of bananas went down dramatically in Japan in the late 1960s,（because（　　））.
　a: South America began to produce large quantities of bananas
　b: bananas started to be sold at supermarkets
　c: bananas were no longer appreciated as gifts
(正解) d: large quantities of bananas started to come from Mindanao

【訳】((　　)ので)、バナナの値段は1960年代後半、日本で劇的に下がった。
　a: 南アメリカがバナナの大量生産を始めた
　b: バナナがスーパーマーケットで売られはじめた
　c: バナナがもはや贈り物としての価値をみとめられなくなった
　d: 大量のバナナがミンダナオから来はじめた

(2) Banana plantations in Mindanao were built by（　　）.
　a: one company from two countries
　b: four companies from one country
(正解) c: four companies from two countries
　d: two companies from four countries

【訳】ミンダナオのバナナ栽培場は、(　　)によって作られた。
　a: 2国からの1つの企業
　b: 1国からの4つの企業
　c: 2国からの4つの企業
　d: 4国からの2つの企業

解説（1）

(1)

❺文目に「（バナナの地位は）劇的に変化した」とあるけど、今までは高価だったバナナに劇的な変化が訪れたということは、当然安くなったと考えられるよね。
そして、❻文目以降は、その「安くなった」原因が書かれていたよね。要は、大量に生産して大量に輸入できるようになったから、バナナの値段は下がったんだ。
というわけで、d が正解だとわかるよね！

a: → ❶文目に「南アメリカは世界のバナナ生産高のおよそ45％を産出している」とあるけど、❺文目以降を読めば、日本に入ってくるほとんどのバナナはミンダナオ産だとわかるので×。

b: → ❺文目に「日本がミンダナオ島から大量に輸入しはじめたので、バナナは安くなった」とあり、「スーパーマーケットで売られはじめた」から安くなったわけではないので×。

c: → 本文に書いていないので、もちろん×。

重要表現チェック

☐ **price**	：图 価格
c: ☐ **no longer** ～	：熟 もはや～ない
☐ **appreciate**	：動 価値を認める

(2)

❻文目に「日本とアメリカの**4大企業**」とあるので、当然 c が正解！ これは簡単だったかな？

設問の解答(2)

(3) All of the following except (　　) are mentioned concerning banana plantations in Mindanao.
  正解 a: watering the orchards
  　　 b: runways for airplanes
  　　 c: the employment of workers
  　　 d: spraying herbicides

【訳】(　　)を除くすべての記述は、ミンダナオのバナナ栽培場について述べられている。
  　a: 果樹園への水まき
  　b: 飛行機の滑走路
  　c: 労働者の雇用
  　d: 除草剤の散布

(4) Mindanao bananas account for (　　) of the total quantity of bananas 〈 consumed in Japan 〉.
  　　 a: less than half
  　　 b: one-third
  　　 c: ninety percent
  正解 d: three-quarters

【訳】ミンダナオのバナナは、〈日本で消費される〉バナナの総量の(　　)を占めている。
  　a: 半分より少ない
  　b: 3分の1
  　c: 90%
  　d: 4分の3

解説(2)

(3)
果樹園への水まきに関する記述はどこにもなかったよね。
だから a が正解！

b: → ❼文目に「1,500 メートルの滑走路がある」とある！
c: → ❽文目に「何千人もの労働者を雇っている」とある！
d: → ❼文目に「除草剤を散布する」とある！

重要表現チェック

	□ except ～	：前 ～を除いて
	□ mention	：動 述べる
	□ concerning ～	：前 ～に関して
a:	□ water	：動 水をまく

(4)
❾文目に「今日日本で売られているバナナの約 **75%**は、ミンダナオ産である。」とバッチリ書いてあるよね。
75%は4分の3だから、d が正解！
やっぱり分数の計算はよく出るね！
シッカリ計算できるようになっておこう！

重要表現チェック

	□ account for ～	：熟 ～を占める
	□ total	：形 総計の
	□ consume	：動 消費する
d:	□ quarter	：名 4分の1
	□ three-quarters	：名 4分の3（= 75%）

第18講 実戦演習 ⑤

出題 ▶ 駒沢大学（法学部他）〔改〕

難易度 ★★★★★
制限時間 15分

最終問題 次の英文を読んで下の設問に答えなさい。

Early people hunted for food only when they were hungry. Later, they learned to farm, growing crops and keeping animals so they had a more regular supply of food. Today, most of the food in shops and supermarkets still comes from farms — meat and dairy products, grains and rice, fruit and vegetables. However, machines now do most of the work, and special chemicals kill insects and help crops to grow.

As their lives became more settled, our ancestors formed into communities and had more time to enjoy themselves. The simple entertainments of singing, dancing and drawing branched out over time into plays, and much later, movies and television.

Today, whether they live on high mountains, dry deserts, or swampy marshlands, all men and women have to feed, clothe and house themselves. But from country to country, people do these things in an enormous variety of ways.

設問（　　）内に入るのに最も適当なものを選べ。

(1) People started farming because (　　)
    a: they loved to keep animals as pets.
    b: hunting was prohibited by law.
    c: they discovered land for growing crops.
    d: they wanted a more constant supply of food.

(2) Today (　　)
    a: shops and supermarkets have their own farms.
    b: special insects are used to help crops to grow.
    c: work on the farm is mostly done by machines.
    d: most of our food comes from the sea.

(3) As people's lives became more settled, (　　)
    a: their time for entertainment increased.
    b: they started to draw pictures of trees and branches.
    c: they made television programs.
    d: they became busier every year.

(4) A good title for this passage would be: (　　)
    a: The Comedy of Our Ancestors
    b: The Wonderful Future of Farming
    c: The Evolution of Daily Life
    d: The Rise and Fall of Entertainment

重要語句チェック

❶文目
- [ ] early : 形 昔の
- [ ] hunt for ~ : 熟 ~を捜し求める
- [ ] only when S V : 接 S が V するときにだけ
- [ ] hungry : 形 空腹の

❷文目
- [ ] later : 副 後に
- [ ] farm : 動 農業をする, 名 農場
- [ ] crop : 名 作物
- [ ] so (that) S V : 接 S が V するように（目的）
  - ※ ....., so (that) S V : ..... その結果 S は V する（結果）
- [ ] regular : 形 一定の, 規則正しい
- [ ] supply : 名 供給

❸文目
- [ ] meat : 名 肉
- [ ] dairy products : 熟 乳製品
- [ ] grain : 名 穀物
- [ ] vegetable : 名 野菜

❹文目
- [ ] however : 副 しかしながら
- [ ] machine : 名 機械
- [ ] .do : 動 する
- [ ] most of ~ : 熟 たいていの~
- [ ] chemical : 名 化学薬品
- [ ] insect : 名 昆虫
- [ ] help ~ to V原 : 熟 ~が V するのを助ける

❺文目

- [ ] settled : 形 安定した，定着した
- [ ] ancestor : 名 祖先
- [ ] form into ~ : 熟 ~の形になる，~を成す
- [ ] community : 名 地域社会，共同体

❻文目

- [ ] simple : 形 単純な，簡単な
- [ ] entertainment : 名 娯楽
- [ ] branch out into ~ : 熟 ~に活動範囲を広げる
- [ ] play : 名 劇
- [ ] much + 比較級 : 熟 はるかに 比較級 , ずっと 比較級

  ※比較級の強調表現

❼文目

- [ ] desert : 名 砂漠
- [ ] swampy : 形 沼地の
- [ ] marshland : 名 湿地帯
- [ ] have to V原 = must V原 : 熟 V しなければならない
- [ ] feed : 動 食べ物を与える
- [ ] clothe oneself : 熟 (衣服を) 着る
- [ ] house : 動 住宅を与える

❽文目

- [ ] from country to country : 熟 国によって
- [ ] enormous : 形 巨大な，莫大な
- [ ] a variety of ~ : 熟 色々な~
- [ ] an enormous variety of ~ : 熟 莫大な種類の~
- [ ] way : 名 方法

英文の構造と意味（1）

❶ Early people hunted for food (only when they were hungry).

▶ （お腹が減ったときにだけ）昔の人々は食物を捜し求めた。

❷ (Later), they learned to farm, ({① growing crops } and {② keeping animals } 〔 so they had a more regular supply of food〕).

▶ （後に）、（〔より安定した食物の供給を受けるために〕{①穀物を育てたり}、{②動物を飼育したりしながら}）、彼らは農業をすることを学んだ。

❸ (Today), most of the food in {① shops } and {② supermarkets } still comes from farms — meat and dairy products, grains and rice, fruit and vegetables.

▶ （今日）、{①商店} や {②スーパーマーケット} にある食料のほとんどは、いまだに農場からきている。それは、肉や乳製品、穀物や米、果物や野菜である。

❹ (However), {① machines now do most of the work }, and {② special chemicals 《① kill insects 》 and 《② help crops to grow 》 }.

▶ （しかしながら）、{①現在は機械がたいていの仕事を行い}、{②特別な化学薬品が《①昆虫を殺し》、《②穀物の成長を助けている》}。

❺ (As their lives became more settled), our ancestors {① formed into communities } and {② had more time to enjoy themselves }.

▶ （生活がより安定するにつれて）、我々の祖先は {①共同体を作り}、{②より多くの楽しいときを過ごした}。

読解のポイント(1)

❶ ◎ Early people は、「昔の人」という意味で使う。たまに見かける表現なのでおさえておこう。

❷ ◎カンマのあとの growing crops と keeping animals は**分詞構文**。副詞のカタマリを作る **Ving** で、「**V** しながら」と訳すことが多い。

◎一般的に so (that) **S V** は、so (that) の前に**カンマがなければ**「**S** が **V** するために」という目的のカタマリを作り、**カンマがある場合は**「**その結果 S は V する**」という結果のカタマリを作ることが多い。

❸ ダッシュ（—←この横棒）は、補足的に説明を加えるときに使うんだったよね。今回は、most of the food の説明として、「肉や乳製品、穀物や米、果物や野菜」を挙げているね。

　ダッシュの後ろの and は、もうみんななら並べているものがわかると思うので、カタマリは付けませんでした（見にくさ MAX になるので）！

❹ ◎文頭の However は、別の話題へ移る印として使われることもあるんだ。だから、❹文目からいきなり話題が変わっているけど、混乱しないようにね！

　文中の「….. , however, ….. 」は、前の文までのイメージと**逆のイメージの内容**がくることが多かったよね。

❺ ◎比較級と一緒に使う「as **S V**」は「**S** が **V** するにつれて」と訳そう！

英文の構造と意味(2)

❻ The simple entertainments of ｛① singing｝, ｛② dancing｝ and ｛③ drawing｝ branched out over time into ｛① plays｝, and (much later), ｛② movies and television｝.

▶ ｛①歌ったり｝、｛②踊ったり｝、｛③絵を描いたり｝という単純な娯楽は、時を経て、｛①劇｝へと手を広げ、(さらにその後)、｛②映画やテレビ｝へと広がっていった。

❼ (Today), (whether they live on ｛① high mountains｝, ｛② dry deserts｝, or ｛③ swampy marshlands｝), all men and women have to ｛① feed｝, ｛② clothe｝ and ｛③ house｝ themselves.

▶(今日)、(｛①高い山の上｝や、｛②乾いた砂漠｝、または｛③沼地の湿地帯｝に住もうが住むまいが)、すべての人間は自分たちで｛①食｝、｛②衣｝、｛③住｝(=衣食住)を行っていかねばならない。

❽ But (from country to country), people do these things in an enormous variety of ways.

▶しかし(国によって)、人々は莫大な種類の方法でこれらを行うのだ。

218

読解のポイント（2）

❻ ◎最初の and が並べている3つの **Ving** は、前置詞 of の後ろなので動名詞だよね。
【2番目の and】②の前に副詞（much later）があるが、and が副詞と副詞を並べているとき以外は、副詞は基本的に無視して①、②を考える。

❼ ◎今回の whether S V は副詞のカタマリなので、「**S** が **V** しようとしまいと」という意味で使われている。
◎ all men and women で、「すべての男女は」となるが、男女平等で両方書いてあるだけなので、「すべての人間は」と訳して OK！
【最後の and】｛①自分自身に食べ物を与え｝｛②自分自身に衣服をあてがい｝｛③自分自身に住宅を与える｝が直訳だけど、日本語にすると「衣・食・住」のことだよね。だから、訳すときは「衣食住」としてあげると綺麗な訳になるよ。

❽ ◎「from **A** to **B**」は、直訳すると「**A** から **B** へ・**A** から **B** まで」となるんだ。でも、「国から国へ」では日本語がおかしくなるので、意味を変えないように意訳して、「国によって」としているんだ。

設問の解答(1)

設問（　　）内に入るのに最も適当なものを選べ。

(1) People started farming (because (　　))
   a: they loved to keep animals as pets.
   b: hunting was prohibited by law.
   c: they discovered land for growing crops.
   正解 d: they wanted a more constant supply of food.

【訳】((　　)ので)、人々は農業を始めた。
   a: 彼らはペットとして動物を飼うのが大好きだった
   b: 狩りが法によって禁止されていた
   c: 彼らは穀物を育てるための土地を発見した
   d: 彼らはより安定した食物の供給を望んだ

(2) (Today) (　　)
   a: shops and supermarkets have their own farms.
   b: special insects are used to help crops to grow.
   正解 c: work on the farm is mostly done by machines.
   d: most of our food comes from the sea.

【訳】(今日)、(　　)
   a: 商店やスーパーマーケットは独自の農場を持っている。
   b: 特別な虫が穀物の成長を助けるために使われている。
   c: 農場での作業は主に機械によってなされている。
   d: 我々の食料のほとんどは海からきている。

解説(1)

(1)

❷文目を見ると「より安定した食物の供給を受けるために、穀物を育てたり、動物を飼育したりしながら、彼らは農業をすることを学んだ」とあるので、d が正解。

本文の「**so S V**」の使い方を知らないと間違ってしまう問題だったね。他の選択肢 a・b・c は全部、本文には書いていないので×。

重要表現チェック

b: □ **prohibit**	:	動 禁止する
c: □ **discover**	:	動 発見する
d: □ **constant**	:	形 不変の，一定の

(2)

❹文目に「現在は機械がたいていの仕事を行い」と書いてあるので、c が正解！

a: → ❸文目に「商店やスーパーマーケットにある食料のほとんどは、**農場からきている**」とあるが、「独自の」とは書いていないので×。

b: → ❹文目に「特別な化学薬品が**昆虫を殺し**、穀物の成長を助けている」とあるので×。

d: → そんなことは本文のどこにも書かれていないであります隊長！よって×であります！

重要表現チェック

b: □ **be used to V**原	:	熟 V するために使われる
□ **help ～ (to) V**原	:	熟 ～が V するのを助ける
c: □ **mostly**	:	副 主に

つづく ▶

設問の解答(2)

(3) (As people's lives became more settled), (　　)
- 正解 a: their time for entertainment increased.
- b: they started to draw pictures of trees and branches.
- c: they made television programs.
- d: they became busier every year.

【訳】(人々の生活がより安定するにつれて)、(　　)
- a: 娯楽の時間が増えていった。
- b: 彼らは木や枝の絵を描きはじめた。
- c: 彼らはテレビ番組を作った。
- d: 彼らは毎年、より忙しくなっていった。

(4) A good title for this passage would be: (　　)
- a: The Comedy of Our Ancestors
- b: The Wonderful Future of Farming
- 正解 c: The Evolution of Daily Life
- d: The Rise and Fall of Entertainment

【訳】この文章に適切な題名は(　　)である。
- a: 祖先の喜劇
- b: 農業の素晴らしい将来
- c: 日常生活の進歩
- d: 娯楽の盛衰

解説(2)

(3)
❺文目に「生活がより安定するにつれて、我々の祖先は共同体を作り、より多くの楽しいときを過ごした。」とあり、❻文目で「楽しいとき＝娯楽」の具体例が書かれているので、a が正解！

b: → ❻文目に「絵を描いた」とあるけど、何の絵を描いたかは具体的には書かれていないので×。
c: → ❻文目に「娯楽は映画やテレビへと広がった」とあるけど、テレビ番組を作ったという記述はないので×。
d: → 本文に記述がないので×。無記述は基本的には×にしよう！

重要表現チェック

a:	☐ increase	: 動	増える
b:	☐ branch	: 名	枝

(4)
題名は、文の一部分だけを表していたり、
本文よりも大きなテーマを扱うようなものは×になる。
全体を通して見て、ふさわしい題名は c だよね。

a: → 喜劇に関しては……書いてなかった！ もちろん×！
b: → 「農業」は、❷〜❹文目しかあてはまらないので、おしいけど×。
d: → 「娯楽」は、❺・❻文目しかあてはまらないので、やっぱり×。

重要表現チェック

a:	☐ comedy	: 名	喜劇
c:	☐ evolution	: 名	進歩, 進化
d:	☐ rise and fall	: 熟	盛衰, 上下

223

英語長文のための補講 -3
英語長文の復習法

さあ、ついにこの授業も終わりを迎えるね。
最後までやりきった君はスゴイ！　偉い！　よく頑張った！
第3章では「実戦演習」問題をたくさん解いてもらったけど、
このあと一番大切なのは、もちろん**復習**なんだ。
「長文の復習は何をやればいいんですか?」という質問が多いので、
最後に、長文の復習法を教えちゃいます！

英語長文の復習法

①まず長文に出てきた**単語・熟語**などを覚える。
②接続詞の作る**カタマリ**を意識しながら、
　1文1文の意味を正確にとっていく。
③問題をもう一度解き直し、なぜその答えになるのか、
　なぜ他の答えはダメなのかを自分で**説明**してみる。
④カタマリを意識しながら、**音読**をする。
⑤日本語にしなくても意味がわかるようになるまで、
　読むスピードを意識的に速くしながら同じ文を何度も**音読**する。

このとき、特に重要なのは⑤のルール。
はじめのうちは、同じ文を何度も音読する！
その方が、たくさんの長文を乱読するよりも圧倒的に効果があるんだ。
構造がわかっている文を何度もくり返し読んでいるうちに、
同じような構造を無意識に見抜く力が養われていくからね。

英語は言葉なので、音読なくして成績アップはあり得ないし、
音読なくしてスピードアップはあり得ない！
英語長文を読んだあとは、必ず音読する癖を身につけようね！

Postscript
大岩先生からの贈る言葉

　「いちばんはじめの英文法【英語長文編】」の授業はこれでおしまいだけど、すべての土台となる基礎は99％じゃダメだから、今後もこの本を何回も読み、100％頭に入れてほしいんだ。

　よく、「単語・熟語・文法を終わらせたのに長文が読めない」という相談を受けるけど、そのほとんどは、読解の基礎を固めず、いきなり"パラグラフリーディング"などの読解法へ進んでしまった人なんだ。

　長文はいくつもの文の集まりだから、もととなる1つ1つの文が読めなければ、当然文全体の理解はできないよね。

　難関大学に合格するには、有効な読解法をマスターする必要もある。でも、読解法とは、この本で学んだ「読解法に頼らなくても英文が読める力」があってはじめて威力を発揮するものだということを忘れないでほしい。

　「どんな英文でも読める強靭な英語力」は、基礎が100％になったときに身につく！ この本を最後まで頑張ったみんなには、確実に「強靭な英語力」が芽生え、育っているんだ。このままその英語力を大きく育て続けよう！

　今みんなは「第一志望校合格」という小さな目標ではなく、自分の未来を創るための英語力を目指して、本格的に走りはじめた。ここからが本当の勝負だけど、本書を終えた君なら絶対に大丈夫。

　最後に、この場をお借りして、出版に際しまして多大なご尽力を賜りました安河内哲也先生、東進ブックスの皆様ならびにご支援をいただいております皆様に、心から感謝の辞を述べたいと思います。

MEMO

大学受験　名人の授業シリーズ
大岩のいちばんはじめの英文法【英語長文編】

2012年 2月29日　初版発行
2025年 5月14日　第27版発行

- ●著　者　　大岩　秀樹
- ●発行者　　永瀬　昭幸
- ●発行所　　株式会社ナガセ
　　　　　　〒180-0003 東京都武蔵野市吉祥寺南町 1-29-2
　　　　　　出版事業部（TEL：0422-70-7456／FAX：0422-70-7457）

- ●編集担当　　八重樫　清隆
- ●章扉イラスト　城井　友紀
- ●校閲協力　　林　仁美
- ●執筆協力　　江成　翔
- ●カバーデザイン　山口　勉
- ●印刷　　　　シナノ印刷株式会社

©Hideki Oiwa 2012
Printed in Japan
ISBN978-4-89085-535-3 C7382

※落丁・乱丁本は東進WEB書店の「お問い合わせ」よりお申し出ください。
　但し、古書店で本書を入手されている場合は、おとりかえできません。

東進ブックス

編集部より

この本を読み終えた君にオススメの3冊！

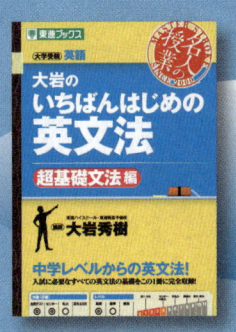

大岩の いちばんはじめの 英文法 超基礎文法編
大岩秀樹

英文法を中学レベルからわかりやすく講義。これでダメならもう終わり!『大岩のいちばんはじめの英文法』のいわば【超基礎文法編】がコレ！

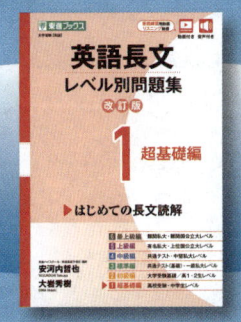

英語長文 レベル別問題集 改訂版 1 超基礎編
▶はじめての長文読解
安河内哲也 大岩秀樹

ついに改訂となった英語長文のベストセラー問題集。本書をマスターしたら、どんどん長文に挑戦だ！ レベル①から⑥まで駆け上がれ！

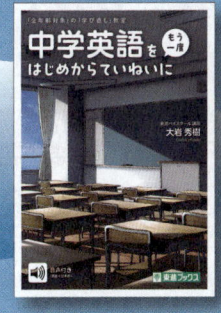

中学英語を もう一度 はじめからていねいに
大岩秀樹

本書をベースにして【英語長文編】の重要部分を加え、さらに重要な英単語600語＋英熟語300語も巻末に収録した究極の基礎固め本！

体験授業

この本を書いた講師の授業を受けてみませんか？

東進では有名実力講師陣の授業を無料で体験できる『体験授業』を行っています。「わかる」授業、「完璧に」理解できるシステム、そして最後まで「頑張れる」雰囲気を実際に体験してください。

※1講座(90分×1回)を受講できます。
※お電話でご予約ください。連絡先は付録7ページをご覧ください。
※お友達同士でも受講できます。

大岩秀樹先生の主な担当講座
「**大岩秀樹のみんなの理系英語**」など

東進の合格の秘訣が次ページに

合格の秘訣1 全国屈指の実力講師陣

東進の実力講師陣
数多くのベストセラー参考書を執筆!!

東進ハイスクール・東進衛星予備校では、そうそうたる講師陣が君を熱く指導する！

本気で実力をつけたいと思うなら、やはり根本から理解させてくれる一流講師の授業を受けることが大切です。東進の講師は、日本全国から選りすぐられた大学受験のプロフェッショナル。何万人もの受験生を志望校合格へ導いてきたエキスパート達です。

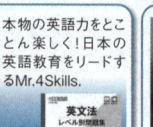

英語

安河内 哲也先生[英語]
本物の英語力をとことん楽しく！日本の英語教育をリードするMr.4Skills。

今井 宏先生[英語]
100万人を魅了した予備校界のカリスマ。抱腹絶倒の名講義を見逃すな！

渡辺 勝彦先生[英語]
爆笑と感動の世界へようこそ。「スーパー速読法」で難解な長文も速読即解！

宮崎 尊先生[英語]
雑誌『TIME』やベストセラーの翻訳も手掛け、英語界でその名を馳せる実力講師。

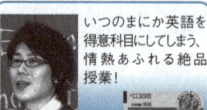

大岩 秀樹先生[英語]
いつのまにか英語を得意科目にしてしまう、情熱あふれる絶品授業！

武藤 一也先生[英語] 
全世界の上位5%（PassA）に輝く、世界基準のスーパー実力講師！

慎 一之先生[英語]
関西の実力講師が、全国の東進生に「わかる」感動を伝授。

数学

志田 晶先生[数学] 
数学を本質から理解し、あらゆる問題に対応できる力を与える珠玉の名講義！

青木 純二先生[数学] 
論理力と思考力を鍛え、問題解決力を養成。多数の東大合格者を輩出！

松田 聡平先生[数学] 
「ワカル」を「デキル」に変える新しい数学は、君の思考力を刺激し、数学のイメージを覆す！

寺田 英智先生[数学]
明快かつ緻密な講義が、君の「自立した数学力」を養成する！

付録 1

WEBで体験

東進ドットコムで授業を体験できます！
実力講師陣の詳しい紹介や、各教科の学習アドバイスも読めます。
www.toshin.com/teacher/

国語

興水 淳一先生 [現代文]
「脱・字面読み」トレーニングで、「読む力」を根本から改革する！

西原 剛先生 [現代文] 
明快な構造板書と豊富な具体例で必ず君を納得させる！「本物」を伝える現代文の新鋭。

栗原 隆先生 [古文] 
東大・難関大志望者から絶大なる信頼を得る本質の指導を追究。

富井 健二先生 [古文]
ビジュアル解説で古文を簡単明快に解き明かす実力講師。

三羽 邦美先生 [古文・漢文]
縦横無尽な知識に裏打ちされた立体的な授業で、グングン引き込まれる！

寺師 貴憲先生 [漢文]
幅広い教養と明解な具体例を駆使した緩急自在の講義。漢文が身近になる！

正司 光範先生 [小論文]
小論文、総合型、学校推薦型選抜のスペシャリストが、君の学問センスを磨き、執筆プロセスを直伝！

石関 直子先生 [小論文]
文章で自分を表現できれば、受験も人生も成功できますよ。「笑顔と努力」で合格を！

理科

宮内 舞子先生 [物理]
正しい道具の使い方で、難問が驚くほどシンプルに見えてくる！

鎌田 真彰先生 [化学]
化学現象を疑い化学全体を見通す"伝説の講義"は東大理三合格者も絶賛。

立脇 香奈先生 [化学] 
「なぜ」をとことん追究し「規則性」「法則性」が見えてくる大人気の授業。

飯田 高明先生 [生物]
「いきもの」をこよなく愛する心が君の探究心を引き出す！生物の達人。

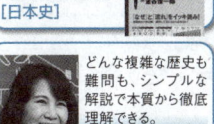

地歴公民

金谷 俊一郎先生 [日本史]
歴史の本質に迫る授業と、入試頻出の「表解板書」で圧倒的な信頼を得る！

井之上 勇先生 [日本史]
つねに生徒と同じ目線に立って、入試問題に対する的確な思考法を教えてくれる。

荒巻 豊志先生 [世界史] 
"受験世界史に荒巻あり"と言われる超実力人気講師！世界史の醍醐味を。

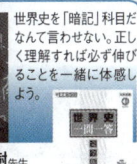

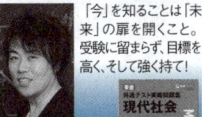

加藤 和樹先生 [世界史] 
世界史を「暗記」科目だなんて言わせない。正しく理解すれば必ず伸びることを一緒に体感しよう。

清水 裕子先生 [世界史]
どんな複雑な歴史も難問も、シンプルな解説で本質から徹底理解できる。

山岡 信幸先生 [地理]
わかりやすい図解と統計の説明に定評。

清水 雅博先生 [公民]
政治と経済のメカニズムを論理的に解明しながら、入試頻出ポイントを明確に示す。

執行 康弘先生 [公民]
「今」を知ることは「未来」の扉を開くこと。受験に留まらず、目標を高く、そして強く持て！

※書籍画像は2024年10月末時点のものです。

付録 2

合格の秘訣 2

ココが違う 東進の指導

01 人にしかできないやる気を引き出す指導

夢と志は志望校合格への原動力！

夢・志を育む指導

東進では、将来を考えるイベントを毎月実施しています。夢・志は大学受験のその先を見据える、学習のモチベーションとなります。仲間とワクワクしながら将来の夢・志を考え、さらに志を言葉で表現していく機会を提供します。

一人ひとりを大切に君を個別にサポート

担任指導

東進が持つ豊富なデータに基づき君だけの合格設計図をともに考えます。熱誠指導でどんな時でも君のやる気を引き出します。

受験は団体戦！仲間と努力を楽しめる

チーム制

東進ではチームミーティングを実施しています。週に1度学習の進捗報告や将来の夢・目標について語り合う場です。一人じゃないから楽しく頑張れます。

現役合格者の声

東京大学 文科一類
中村 誠雄くん
東京都 私立 駒場東邦高校卒

林修先生の現代文記述・論述力トレーニングは非常に良質で、大いに受講する価値があると感じました。また、担任指導やチームミーティングは心の支えでした。現状を共有でき、話せる相手がいることは、東進ならではで、受験という本来孤独な闘いにおける強みだと思います。

02 人間には不可能なことをAIが可能に

学力×志望校 一人ひとりに最適な演習をAIが提案！

AI演習

東進のAI演習講座は2017年から開講していて、のべ100万人以上の卒業生の、200億題にもおよぶ学習履歴や成績、合否等のビッグデータと、各大学入試を徹底的に分析した結果等の教務情報をもとに年々その精度が上がっています。2024年には全学年にAI演習講座が開講します。

■AI演習講座ラインアップ

高3生　苦手克服＆得点力を徹底強化！
「志望校別単元ジャンル演習講座」
「第一志望校対策演習講座」
「最難関4大学特別演習講座」

高2生　大学入試の定石を身につける！
「個人別定石問題演習講座」

高1生　素早く、深く基礎を理解！
「個人別基礎定着問題演習講座」

2024年夏 新規開講

現役合格者の声

千葉大学 医学部医学科
寺嶋 怜旺くん
千葉県立 船橋高校卒

高1の春に入学しました。野球部と両立しながら早くから勉強をする習慣がついていたことは僕が合格した要因の一つです。「志望校別単元ジャンル演習講座」は、AIが僕の苦手を分析して、最適な問題演習セットを提示してくれるため、集中的に弱点を克服することができました。

付録 3

東進で勉強したいが、近くに校舎がない君は…

東進ハイスクール 在宅受講コースへ

「遠くて東進の校舎に通えない……」。そんな君も大丈夫！在宅受講コースなら自宅のパソコンを使って勉強できます。ご希望の方には、在宅受講コースのパンフレットをお送りいたします。お電話にてご連絡ください。学習・進路相談も随時可能です。

0120-531-104

03 本当に学力を伸ばすこだわり

楽しい！わかりやすい！そんな講師が勢揃い

実力講師陣

わかりやすいのは当たり前！おもしろくてやる気の出る授業を約束します。1・5倍速×集中受講の高速学習。そして、12Lレベルに細分化された授業を組み合わせ、スモールステップで学力を伸ばす君だけのカリキュラムをつくります。

パーフェクトマスターのしくみ

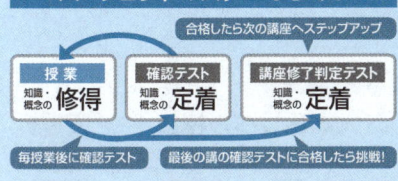

合格したら次の講座へステップアップ

授業 知識・概念の**修得** → 確認テスト 知識・概念の**定着** → 講座修了判定テスト 知識・概念の**定着**

毎授業後に確認テスト　最後の講の確認テストに合格したら挑戦！

英単語1800語を最短1週間で修得！

高速マスター

基礎・基本を短期間で一気に身につける「高速マスター基礎力養成講座」を設置しています。オンラインで楽しく効率よく取り組めます。

本番レベル・スピード返却 学力を伸ばす模試

東進模試

常に本番レベルの厳正実施。合格のために何をすべきか点数でわかります。WEBを活用し、最短中3日の成績表スピード返却を実施しています。

現役合格者の声

早稲田大学 基幹理工学部
津行 陽奈さん
神奈川県 私立 横浜雙葉高校卒

私が受験において大切だと感じたのは、長期的な積み重ねです。基礎力をつけるために「高速マスター基礎力養成講座」や授業後の「確認テスト」を満点にすること、模試の復習などを積み重ねていくことでどんどん合格に近づき合格することができたと思っています。

ついに登場！

君の高校の進度に合わせて学習し、定期テストで高得点を取る！

高校別対応の個別指導コース

目指せ！「定期テスト」
20点アップ！
学年順位も急上昇!!

楽しく、集中が続く、授業の流れ

1. 導入
授業の冒頭では、講師と担任助手の先生が今回扱う内容を紹介します。

2. 授業
約15分の授業でポイントをわかりやすく伝えます。要点はテロップでも表示されるので、ポイントがよくわかります。

3. まとめ
授業が終わったら、次は確認テスト。その前に、授業のポイントをおさらいします。

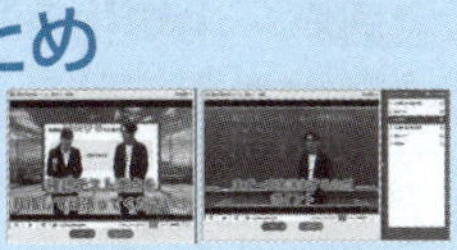

付録 4

合格の秘訣3 東進模試

申込受付中
※お問い合わせ先は付録7ページをご覧ください。

学力を伸ばす模試

■ 本番を想定した「厳正実施」
統一実施日の「厳正実施」で、実際の入試と同じレベル・形式・試験範囲の「本番レベル」模試。
相対評価に加え、絶対評価で学力の伸びを具体的な点数で把握できます。

■ 12大学のべ42回の「大学別模試」の実施
予備校界随一のラインアップで志望校に特化した"学力の精密検査"として活用できます(同日・直近日体験受験を含む)。

■ 単元・ジャンル別の学力分析
対策すべき単元・ジャンルを一覧で明示。学習の優先順位がつけられます。

■ 最短中5日で成績表返却
WEBでは最短中3日で成績を確認できます。※マーク型の模試のみ

■ 合格指導解説授業
模試受験後に合格指導解説授業を実施。重要ポイントが手に取るようにわかります。

2024年度 東進模試 ラインアップ

共通テスト対策
- 共通テスト本番レベル模試 ……全4回
- 全国統一高校生テスト(全学年統一部門)(高2生部門)(高1生部門) ……全2回

同日体験受験
- 共通テスト同日体験受験 ……全1回

記述・難関大対策
- 早慶上理・難関国公立大模試 ……全5回
- 全国有名国公私大模試 ……全5回
- 医学部82大学判定テスト ……全2回

基礎学力チェック
- 高校レベル記述模試〈高2〉〈高1〉 ……全2回
- 大学合格基礎力判定テスト ……全4回
- 全国統一中学生テスト(全学年統一部門)(中2生部門)(中1生部門) ……全2回
- 中学学力判定テスト〈中2生〉〈中1生〉 ……全4回

※2024年度に実施予定の模試は、今後の状況により変更する場合があります。
最新の情報はホームページでご確認ください。

大学別対策
- 東大本番レベル模試 ……全4回
- 高2東大本番レベル模試 ……全4回
- 京大本番レベル模試 ……全4回
- 北大本番レベル模試 ……全2回
- 東北大本番レベル模試 ……全2回
- 名大本番レベル模試 ……全3回
- 阪大本番レベル模試 ……全3回
- 九大本番レベル模試 ……全3回
- 東工大本番レベル模試[第1回] ……全2回
- 東京科学大本番レベル模試[第2回]
- 一橋大本番レベル模試 ……全2回
- 神戸大本番レベル模試 ……全2回
- 千葉大本番レベル模試 ……全1回
- 広島大本番レベル模試 ……全1回

同日体験受験
- 東大入試同日体験受験 ……全1回
- 東北大入試同日体験受験 ……全1回
- 名大入試同日体験受験 ……全1回

直近日体験受験 ……各1回
- 京大入試直近日体験受験
- 北大入試直近日体験受験
- 阪大入試直近日体験受験
- 九大入試直近日体験受験
- 東京科学大入試直近日体験受験
- 一橋大入試直近日体験受験

付録5

2024年 東進現役合格実績
受験を突破する力は未来を切り拓く力!

東大 現役合格 実績日本一[※1] 6年連続800名超!
※1 2023年東大現役合格実績をホームページ・パンフレット・チラシ等で公表している予備校の中で最大(2023年JDnet調べ)。

現役生のみ!講習生を含みます!

東大 834名

文科一類	118名	理科一類	300名
文科二類	115名	理科二類	121名
文科三類	113名	理科三類	42名

学校推薦型選抜 25名

現役合格者の36.5%が東進生!

東進生現役占有率 **36.5%** (834 / 2,284)

全現役合格者に占める東進生の割合
2024年の東大全体の現役合格者は2,284名。東進の現役合格者は834名。東進生の占有率は36.5%。現役合格者の2.8人に1人が東進生です。

学校推薦型選抜も東進! 東大 25名
学校推薦型選抜 現役合格者の **27.7%** が東進生! 推薦入試でも東進生現役占有率 27.7%

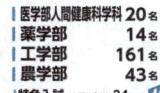

法学部	4名	工学部	8名
経済学部	1名	理学部	4名
文学部	1名	薬学部	2名
教育学部	1名	医学部医学科	1名
教養学部	3名		

京大 493名 昨対+21名 史上最高![※2]

総合人間学部	23名	医学部人間健康科学科	20名
文学部	37名	薬学部	14名
教育学部	10名	工学部	161名
法学部	56名	農学部	43名
経済学部	49名	特色入試(上記にさき)	24名
理学部	52名		
医学部医学科	28名		

'22 468名 / '23 472名 / '24 493名

現役生のみ!講習生を含みます!

早慶 5,980名 昨対+239名 史上最高![※2]

早稲田大 3,582名
政治経済学部	472名
法学部	354名
商学部	297名
文化構想学部	276名
理工3学部	752名
他	1,431名

慶應義塾大 2,398名
文学部	290名
経済学部	368名
商学部	487名
理工学部	576名
医学部	39名
他	638名

'22 5,678名 / '23 5,741名 / '24 5,980名

現役生のみ!講習生を含みます!

医学部医学科 1,800名 昨対+9名 史上最高![※2]

国公立医・医	1,033名	防衛医科大学校を含む
私立医・医	767名	史上最高![※2]

'22 1,658名 / '23 1,791名 / '24 1,800名

現役生のみ!講習生を含みます!

国公立医・医 1,033名 防衛医科大学校を含む

東大	43名	名古屋大	14名	横市医大	14名
京大	28名	大阪大	23名	千葉大	19名	神戸大	30名
北海道大	18名	九州大	15名	東京医科歯科大	21名	国公立医・医	700名
東北大	28名			大阪公立大	12名		
				浜松医大	19名		

私立医・医 767名 昨対+40名 史上最高![※2]

自治医大	32名	慶應義塾大	39名	東京慈恵会医大	30名	関西医大	49名	その他
国際医療福祉大	80名	順天堂大	9名	日本医大	42名			私立医・医 443名

旧七帝大 +東工大・一橋大・神戸大 4,599名

東京大	834名	東北大	389名	九州大	487名	一橋大	219名
京都大	493名	名古屋大	379名	東京工業大	219名	神戸大	483名
北海道大	450名	大阪大	646名				

国公立大 16,320名

※2 史上最高…東進のこれまでの実績の中で最大。

国公立 総合・学校推薦型選抜も東進!

旧七帝大 +東工大・一橋大・神戸大 434名

東京大	25名	大阪大	57名
京都大	24名	九州大	38名
北海道大	30名	東京工業大	30名
東北大	119名	一橋大	10名
名古屋大	65名	神戸大	42名

国公立医・医 319名
国公立大学の総合型・学校推薦型選抜の合格実績は、指定校推薦を除く、早稲田塾を含む東進ハイスクール・東進衛星予備校の現役生のみの合同実績です。

上理明青立法中 21,018名

上智大	1,605名	青山学院大	2,154名	法政大	3,833名
東京理科大	2,892名	立教大	2,730名	中央大	2,855名
明治大	4,949名				

関関同立 13,491名

関西学院大	3,139名	同志社大	3,099名	立命館大	4,477名
関西大	2,776名				

日東駒専 9,582名

| 日本大 | 3,560名 | 東洋大 | 3,575名 | 駒澤大 | 1,070名 | 専修大 | 1,377名 |

産近甲龍 6,085名

| 京都産業大 | 614名 | 近畿大 | 3,686名 | 甲南大 | 669名 | 龍谷大 | 1,116名 |

ウェブサイトでもっと詳しく [東進] 🔍検索

2024年3月31日締切　付録 6

各大学の合格実績は、東進ネットワーク(東進ハイスクール、東進衛星予備校、早稲田塾)の現役生のみ、高3時在籍者の合同実績です。一人で複数回合格した場合は、それぞれの合格者数に計上しています。

東進へのお問い合わせ・資料請求は
東進ドットコム www.toshin.com
もしくは下記のフリーコールへ！

ハッキリ言って合格実績が自慢です！ 大学受験なら、
東進ハイスクール　0120-104-555（トーシン ゴーゴーゴー）

●東京都

[中央地区]
市ヶ谷校	0120-104-205
新宿エルタワー校	0120-104-121
＊新宿校大学受験本科	0120-104-020
高田馬場校	0120-104-770
人形町校	0120-104-075

[城北地区]
赤羽校	0120-104-293
本郷三丁目校	0120-104-068
茗荷谷校	0120-738-104

[城東地区]
綾瀬校	0120-104-762
金町校	0120-452-104
亀戸校	0120-104-889
★北千住校	0120-693-104
錦糸町校	0120-104-249
豊洲校	0120-104-282
西新井校	0120-266-104
西葛西校	0120-289-104
船堀校	0120-104-201
門前仲町校	0120-104-016

[城西地区]
池袋校	0120-104-062
大泉学園校	0120-104-862
荻窪校	0120-687-104
高円寺校	0120-104-627
石神井校	0120-104-159
巣鴨校	0120-104-780

[城南地区]
成増校	0120-028-104
練馬校	0120-104-643
大井町校	0120-575-104
蒲田校	0120-265-104
五反田校	0120-672-104
三軒茶屋校	0120-104-739
渋谷駅西口校	0120-389-104
下北沢校	0120-104-672
自由が丘校	0120-964-104
成城学園前駅校	0120-104-616
千歳烏山校	0120-104-331
千歳船橋校	0120-104-825
都立大学駅前校	0120-275-104
中目黒校	0120-104-261
二子玉川校	0120-104-959

[東京都下]
吉祥寺南口校	0120-104-775
国立校	0120-104-599
国分寺校	0120-622-104
立川駅北口校	0120-104-662
田無校	0120-104-272
調布校	0120-104-305
八王子校	0120-896-104
東久留米校	0120-565-104
府中校	0120-104-676
★町田校	0120-104-507
三鷹校	0120-104-149
武蔵小金井校	0120-480-104
武蔵境校	0120-104-769

●神奈川県
青葉台校	0120-104-947
厚木校	0120-104-716
川崎校	0120-226-104
湘南台東口校	0120-104-706
新百合ヶ丘校	0120-104-182
センター南駅前校	0120-104-722
たまプラーザ校	0120-104-445
鶴見校	0120-876-104
登戸校	0120-104-157
平塚校	0120-104-742
藤沢校	0120-104-549
武蔵小杉校	0120-165-104
★横浜校	0120-104-473

●埼玉県
浦和校	0120-104-561
大宮校	0120-104-858
春日部校	0120-104-508
川口校	0120-917-104
川越校	0120-104-538
小手指校	0120-104-759
志木校	0120-104-202
せんげん台校	0120-104-388
草加校	0120-104-690
所沢校	0120-104-594
★南浦和校	0120-104-573
与野校	0120-104-755

●千葉県
我孫子校	0120-104-253
市川駅前校	0120-104-381
稲毛海岸校	0120-104-575
海浜幕張校	0120-104-926
★柏校	0120-104-353
北習志野校	0120-344-104
新浦安校	0120-556-104
新松戸校	0120-104-354
千葉校	0120-104-564
★津田沼校	0120-104-724
成田駅前校	0120-104-346
船橋校	0120-104-514
松戸校	0120-104-257
南柏校	0120-104-439
八千代台校	0120-104-863

●茨城県
つくば校	0120-403-104
取手校	0120-104-328

●静岡県
★静岡校	0120-104-585

●奈良県
★奈良校	0120-104-597

★は高卒本科(高卒生)設置校
＊は高卒生専用校舎
□は中学部設置校

※変更の可能性があります。
最新情報はウェブサイトで確認できます。

全国約1,000校、10万人の高校生が通う、
東進衛星予備校　0120-104-531（トーシン ゴーサイン）

近くに東進の校舎がない高校生のための
東進ハイスクール在宅受講コース　0120-531-104（ゴーサイン トーシン）

東進ドットコム
ここでしか見られない受験と教育の最新情報が満載！
www.toshin.com

東進TV
東進のYouTube公式チャンネル「東進TV」。日本全国の学生レポーターがお送りする大学・学部紹介は必見！

大学入試過去問データベース
君が目指す大学の過去問を素早く検索できる！2024年入試の過去問も閲覧可能！

大学入試問題 過去問データベース
190大学 最大30年分を無料で閲覧！

付録 7

※2024年4月現在